Thomas von Aquin zur Einführung

Rolf Schönberger

Thomas von Aquin zur Einführung

JUNIUS

Junius Verlag GmbH
Stresemannstraße 375
22761 Hamburg

Umschlaggestaltung: Florian Zietz
Titelfoto: Archiv Gerstenberg
Satz: Druckhaus Dresden
Druck: Druckhaus Dresden
Printed in Germany 1998
ISBN 3-88506-978-4
1. Auflage Oktober 1998

Die Deutsche Bibliothek – CIP-Einheitsaufnahme

Schönberger, Rolf:
Thomas von Aquin zur Einführung / Rolf Schönberger. – 1. Aufl. –
Hamburg: Junius, 1998
(Zur Einführung; 178)
ISBN 3-88506-978-4
NE: GT

Inhalt

Vorwort 7

1. Einleitung 10
Thomas - ein Philosoph? 10
Lebensgang und Kontext 14

2. Glaube und Vernunft, Theologie und Philosophie 36

3. Die Metaphysik 50
Begriff und Begründung der Metaphysik 50
Der Begriff des Seins 59
Sein und Form 66
Transzendentalien 76
Grundzüge der Gotteslehre 86

4. Der Mensch 104
Die Einheit von Leib und Seele 104
Die Individualität des Intellektes 107
Die Kraft des Denkens 114
Die Funktion des Intellektes 115
Die Unsterblichkeit der Seele 127

5. Die Praxis 134
Vernunft und Wille 134

Die Struktur der Handlung 149
Vernunft und Leidenschaft – das Gesetz 152
Elemente der Staatslehre 156

Anhang

Anmerkungen 165
Literaturhinweise 171
Zeittafel 176
Über den Autor 177

Vorwort

Es bedarf keiner eigenen Versicherung, daß eine Einführung in das Werk des Thomas von Aquin eine schwierige Aufgabe darstellt. Das Werk ist von beträchtlichem Umfang, seine Form im Verhältnis zu den Texten der antiken und der neuzeitlichen Philosophie fremdartig und in mancher Hinsicht vielleicht zunächst auch abweisend, seine historischen Umstände sind in unübersehbar vielen Details nur sehr lückenhaft bekannt. Und nicht zuletzt: Der Autor dieses Opus hat sich selbst sicherlich nicht als Philosoph bezeichnet.

Zu größeren methodischen Erörterungen ist hier nicht der Raum. Doch einige Hinweise mögen gleichwohl nützlich sein: Es werden hier einige, für das Thomasische[1] Denken kennzeichnende Konzepte herausgegriffen. Eine zusammenfassende Gesamtdarstellung seiner Lehren kann hier nicht geboten werden – auch wenn sie in deutscher Sprache dringend zu wünschen wäre. Es soll hier nicht zu anderen Einführungen und Darstellungen des Thomas einfach eine weitere hinzugefügt werden, sie kann und will aber auch die derzeit greifbaren nicht ersetzen. Die beiden großen Werke von James Weisheipl (Thomas von Aquin. Sein Leben und seine Theologie, Graz/Wien/Köln 1980) und Jean-Pierre Torrell (Magister Thomas. Leben und Werk des Thomas von Aquin, Freiburg/Basel/Wien 1995) haben ihr Schwergewicht in der Darstellung des Lebensganges und des historischen Umfeldes seiner Werke. M.-D. Chenu (Das Werk des Hl. Thomas von Aquin, 2. Aufl., Graz/Wien/Köln 1982) legt das Schwergewicht auf historische Beobachtungen und geistesgeschichtliche Deutungen. Daß insbesondere seine Untersuchungen zu Terminologie und Sprache des Thomas keine adäquate Fortsetzung gefunden haben, kann man nur bedauern. Die vor wenigen Jahren erschienene Einführung von G. Mensching (Thomas von Aquin, Frankfurt/M./New York 1995) versucht, Thomas im Gesamtgang der europäischen Denkgeschichte zu situieren. R. Heinzmann (Thomas von Aquin. Eine Einführung in sein Denken, Stuttgart 1994) legt den Akzent auf Thomas' schöpfungstheologische Option für den Aristotelismus. Durch seine kulturphilosophische Weite und seine Sensibilität für die Persönlichkeit des Thomas bleibt das vielgelesene Werk von Josef Pieper (Thomas von Aquin. Leben und Werk, 4. Aufl., München 1990) immer noch eine unersetzliche Eröffnung.

Wer eine umfassende Darstellung der Lehren des Thomas sucht, dem wird man vielleicht H. Meyer (Thomas von Aquin. Sein System und seine geistesgeschichtliche Stellung, 2. Aufl., Paderborn 1961), weit besser noch A.D. Sertillanges (Der hl. Thomas von Aquin, 2. Aufl., Köln/Olten 1954) empfehlen. Daß É. Gilsons Buch (Le Thomisme. Introduction à la philosophie de saint Thomas d'Aquin, 5. Aufl., Paris 1944) im Unterschied zu seinen anderen Einführungsschriften niemals ins Deutsche übersetzt worden ist, wird auch der bedauern, der seiner Thomas-Deutung nicht durchweg folgen kann. Es ist diejenige Einführung, für die man, eine Ausdrucksweise des Aristoteles verwendend, sagen kann, sie sei philosophischer als alle anderen.

Sie ist zugleich nicht nur eine monographische und damit systematische Darstellung, sondern macht darüber hinaus einen prägnanten Vorschlag, das Denken des Thomas in den theoretischen Alternativen seiner Zeit, insbesondere im Augustinismus, zu situieren.

In der vorliegenden Einführung sollen nur einige zentrale Konzeptionen eingehender behandelt werden. Daß sie aus einem weitaus umfangreicheren Werk herausgegriffen sind, läßt sich allenfalls dadurch einigermaßen aufwiegen, daß sie sowohl als grundlegend wie als charakteristisch gelten können. Die Zahl der Textverweise ist bewußt knapp gehalten worden, vieles ließe sich zumeist mit einer längeren Reihe von Belegen dokumentieren. Das Gelingen einer solchen Einführung hängt davon ab, ob durch sie jemand angeregt wird, dieses staunenswerte Œuvre auch selbst zu studieren – entweder weil er etwas von Interesse verstanden hat oder weil er Interesse entwickelt hat, es besser verstehen zu wollen.

1. Einleitung

Thomas – ein Philosoph?

Eine Einführung in das philosophische Denken des Thomas von Aquin muß sich auch damit beschäftigen, daß er selbst gewiß weit davon entfernt war, sich als einen Philosophen zu bezeichnen. Nicht wenige Denker seit der Aufklärung des 18. Jahrhunderts haben die Überzeugung geäußert, es gebe im Mittelalter generell keine Philosophie, die der Rede wert sei (Hegel) oder die es gegenüber der Macht von Kirche und Theologie zur Selbständigkeit gebracht habe (Russell, Heidegger, Jaspers etc.). Allenfalls Anselm von Canterbury gestehen manche einen ursprünglich philosophischen Gedanken zu.

Es ist eine Tatsache, daß Thomas wie jeder andere, der an der mittelalterlichen Universität ein Studium absolviert hat, auch eine philosophische Ausbildung durchlaufen hat. Daß Thomas aber nicht allein von philosophischer Kompetenz und Bedeutung, sondern im Hinblick auf die europäische Denkgeschichte ein philosophischer Kopf ersten Ranges ist, ergibt sich jedoch überhaupt nicht aus seiner institutionellen Zugehörigkeit oder gar aus seinem Selbstbewußtsein, sondern aus einer interpretierenden Beurteilung der von ihm hinterlassenen Texte. Er selbst aber war seit ungefähr seinem dreißigsten Lebensjahr »Magister in sacra pagina«: Professor der Theologie. Wer die Existenz der Philosophie im Mittelalter generell leugnet, begibt sich der

Möglichkeit, den Unterschied zwischen der Theologie und denjenigen Bemühungen, die an der allen anderen vorgeschalteten Fakultät der »Artes« unternommen worden sind, genauer fassen zu können. Er verschenkt auch die Möglichkeit, den Unterschied der sehr verschieden strukturierten Theologien eines Bonaventura, Thomas von Aquin, Meister Eckhart, Johannes Duns Scotus, William Ockham etc. zu verstehen. Wie immer man heute die Bedingung der Möglichkeit für die Verschiedenheit von Theologien ansetzen mag, Thomas von Aquin selbst hat sie bei den frühen Lehrern der Kirche mit der Verschiedenheit ihrer jeweiligen philosophischen Ausrichtung erklärt: »Die Ausleger der Heiligen Schrift sind dadurch unterschieden, daß sie Anhänger der verschiedenen Philosophen gewesen sind, durch die sie in Philosophie gelehrt worden sind.« (Sent. II d. 14 q. 1 a. 2)

Die denkerische Statur, die sich etwa in Bonaventuras Sentenzenkommentar, in Alberts Aristoteles-Kommentierung, in Thomas' Aneignung und Transformation der Aristotelischen Philosophie, in der Neukonzeption der Metaphysik bei Duns Scotus oder in der Neukonzeption der Logik bei Ockham zeigt, hat in der Artes-Fakultät, an der ja auch in diesem Zeitraum jeweils jüngere Kollegen tätig waren, keine Parallele. Man kann aber auch schon aus historischer Perspektive zeigen, daß die neuzeitliche Philosophie in ungleich stärkerem Maße von den Theorien der mittelalterlichen Theologie profitiert hat als von denen aus der philosophischen Fakultät. Nicht allein dem sachlichen Gehalt, auch der historischen Wirksamkeit nach haben – zumindest was das 13. Jahrhundert betrifft – die aus der theologischen Fakultät kommenden Erörterungen zu Fragen von Einsicht und Selbstbestimmung, Wissen und Glauben, Notwendigkeit und Kontingenz, Bild und Repräsentation, Beurteilungskriterien für Handlungen etc. ungleich größeres Gewicht als die aus der Artes-Fakultät. Mag mitunter die Selbstbegrenzung auf die exegetische Bemühung durch Köpfe wie Siger von Brabant, einem der führenden Artes-Lehrer (unter sehr vielen anderen, die uns unbekannt sind), auch eine gewisse Schutzfunktion haben, die mit einer positiven Aneignung der Aristotelischen Philosophie verbundene denkerische Anstrengung hat doch zu im ganzen interessanteren, vor allem aber philosophisch gewichtigeren Konzeptionen geführt. Nicht zuletzt die internationale Konkurrenz in den theologischen Fakultäten der großen Universitäten des Mittelalters hat eine ungeheure intellektuelle Potenz entfaltet.

Es bleibt jedoch gleichwohl die Frage bestehen: Wie kommt dort Philosophie vor? Die Wirklichkeit von Philosophie in einer historischen Epoche oder Kultur läßt sich nicht wie eine Gesteinsart in einer Erdschicht feststellen. Etwas als Philosophie anzuerkennen setzt schon einen bestimmten Begriff von Philosophie voraus, und dieser ist notorisch kontrovers.[2] Dieser Begriff muß jedoch der Minimalanforderung genügen, nicht die eigene Geschichte der Philosophie zu etwas anderem zu verfremden. Denn ohne diese Geschichte gäbe es die Philosophie heute gar nicht. Nicht allein, daß Philosophie in der Gegenwart primär eine Angelegenheit von Professoren der Universität ist, hat seine Wurzeln im Mittelalter, die Universität selbst, die der Gewinnung und der Vermittlung des Wissens gewidmete Institution, ist eine mittelalterliche Institution. Deren Entstehung hat zwar nicht ausschließlich, aber doch wesentlich etwas mit der Philosophie und ihren Reflexionen darüber zu tun, worin Wissen besteht, wie es zu gewinnen ist, und vor allem darüber, was sich zu wissen lohnt.

Nicht zuletzt vollzieht sich im 13. Jahrhundert ein Kampf um die Philosophie selbst. Wer die Existenz der Philosophie im Mittelalter bestreitet, könnte diesen mitunter dramatischen

Konflikt nur ignorieren. Gerade die mittelalterliche Theologie erhebt den Anspruch, eine als verbindlich anerkannte Wahrheit sowohl in ihrem internen Zusammenhang wie im übergreifenden Kontext menschlichen Wissens verstehen und durchdringen zu wollen. Sie greift deshalb nicht bloß auf die antike Philosophie zurück, sie muß die Kraft des philosophischen Denkens, theoretisch die Dinge und praktisch das Leben des Menschen bestimmen zu können, von Grund auf neu durchdenken. Dies geschieht jedoch bei den größten Denkern der Scholastik auf eine Weise, daß sie nicht allein in der späteren Philosophie wirksame, sondern eben auch dem eigenen Anspruch nach philosophische Gedanken entwickeln – aber nicht bloß so, wie auch Dichter, Staatsmänner, Maler und Physiker gelegentlich grundsätzlich werden, sondern so, daß jene Denker in der Assimilation antiker Traditionen philosophische Gedanken von eigener Substanz und Originalität entwickeln. Es handelt sich also nicht bloß um Gedanken, die man philosophisch nennen kann, sondern um philosophische Theorien im eigentlichen Sinne. Gewiß sind hierfür vielfach religiöse Überzeugungen der Anlaß, aber *daß* man sie zum Anlaß nimmt und *wozu* sie zum Anlaß werden, ist nicht mehr Religion oder Theologie, sondern eben Philosophie. Dies gilt natürlich jeweils in unterschiedlichem Maße – bei Thomas in einem besonderen. Anders als mancher moderne Thomas-Kritiker haben dies im Mittelalter – unter den erschwerenden Bedingungen zeitlicher Nähe – sogar solche anerkannt, die, wie Siger von Brabant oder Dante, Gottfried von Fontaines oder Meister Eckhart, gewiß keine Thomisten waren.

Die Leistungen des Thomas von Aquin in der Geschichte des Denkens zu verstehen suchen heißt, ihn zunächst in seinen historischen Kontext zu stellen. Denn wie kommt es, daß ein »Magister in sacra pagina« nicht nur zu einem Kirchenlehrer –

sogar *dem* »doctor communis« –, sondern auch – allerdings erst im 20. Jahrhundert wieder – zu einem der großen Klassiker der Philosophiegeschichte wird?

Diese unvermeidlich allgemein gehaltenen Fragen und Überlegungen lassen sich nun unschwer konkretisieren, wenn wir uns dem Lebensgang des Thomas von Aquin und in sehr gedrängter Form dem Zeitkolorit dieser Biographie zuwenden.

Lebensgang und Kontext

Wie bei allen großen Gestalten des mittelalterlichen Denkens ist auch bei Thomas von Aquin das Geburtsdatum nicht bekannt; trotz aller Forschungsbemühungen – und wohl bei keinem anderen Scholastiker waren diese so intensiv – hat sich das Geburtsjahr nur näherungsweise bestimmen lassen: 1224/25. Thomas stammt aus der Grafschaft (nicht: Ortschaft) Aquino, etwa dreißig Kilometer von Neapel entfernt. Seine Eltern gehörten dem Adel an; sein Vater trug aber lediglich den Titel »miles« (Ritter). Thomas hatte mindestens acht Geschwister: drei Brüder und fünf Schwestern. Von einem seiner Brüder sind Gedichte überliefert. Ob sein Vater auch zuvor schon einmal verheiratet war oder ob es mehrere Träger des Namens seines Vaters gibt, hat sich bis heute nicht vollständig klären lassen. Der zweitälteste Sohn Rinaldo, der zunächst ein Anhänger des Kaisers war, wechselte auf die Seite des Papstes Innozenz IV., nachdem dieser 1245 den Kaiser für abgesetzt erklärt hatte. Rinaldo ist deshalb zum Tode verurteilt und hingerichtet worden. Immer wieder stand die Familie im Spannungsfeld der Konflikte zwischen Kaiser und Papst.

Wie damals üblich, wurde Thomas als jüngstes Kind im Alter von fünf oder sechs Jahren dem benachbarten Kloster übergeben. Ob der Vater damit die Hoffnung verband, sein Sohn werde dort wie sein Bruder eines Tages Abt werden, wissen wir nicht. Dieses Kloster war Monte Cassino. Von Benedikt 529 gegründet, ist es lange Zeit einer der wichtigsten Orte des abendländischen Mönchstums gewesen. Mittlerweile stand dort aber auch ein kaiserliches Kastell. Zu den Auseinandersetzungen zwischen Kaiser Friedrich von Hohenstauffen und dem Papst gehörte u.a. der Streit um die Herrschaft über das immer noch mächtige Mutterkloster des Benediktinerordens. Als sich nach einer Zeit relativer Ruhe wieder Konflikte ankündigten, beschlossen die Eltern, Thomas nach Neapel zu schicken. Dies war 1239, Thomas war nach knapp einem Jahrzehnt im Kloster inzwischen ungefähr vierzehn Jahre alt. Dafür, daß Thomas damals bereits Benediktinermönch gewesen ist, gibt es keine zwingenden Beweise.

Der Wechsel nach Neapel ist für den geistigen Werdegang des Thomas von ungeheurer Bedeutung: Die dortige Universität hatte Friedrich II. 1224 als Konkurrenz zu Bologna gegründet. Seine Untergebenen durften nirgends sonst studieren. Thomas kam durch äußere Umstände hier in Kontakt mit jenem Wissen, das in der lateinischen Kultur keine Entsprechung hatte: mit griechischer Philosophie, insbesondere der des Aristoteles, und mit arabischer Astronomie. An keinem anderen Ort in Europa war zu dieser Zeit ein so unmittelbarer Kontakt mit der Wissenschaft der Antike und Arabiens möglich.

Was auf individueller Ebene für den jungen Thomas zunächst der Kontakt mit einer anderen Welt war, erweist sich als die Spiegelung eines globalen Vorganges: Die Rezeption des Aristotelismus läßt sich einerseits in ihrer Bedeutung nur schwer überschätzen, sie läßt sich aber andererseits auch nur schwer mit anderen kulturübergreifenden Kontaktnahmen vergleichen. Thomas' denkerische Leistung ist jedoch kein bloßes Element innerhalb einer geistigen Kontinentalverschiebung. Worin die Bedeutung dieser Rezeption liegt, war zu dieser Zeit noch nicht entschieden, sondern wurde vielmehr durch die denkerische Leistung des Thomas wesentlich mitbestimmt.

Aristoteles bietet auf der Grundlage weniger rationaler Prinzipien – Vernunft, Natur, Erfahrung – im Kontext des mittelalterlichen Weltwissens eine damals praktisch konkurrenzlose Gesamt- und Detaildeutung der natürlichen Wirklichkeit. Zugleich wird eigentlich erst durch den Aristotelismus ein ausgearbeiteter Begriff von Wissen zugänglich. Man wird zwar die exegetischen Bemühungen eines Origenes oder Hieronymus als wissenschaftlich bezeichnen. Aber ist das Unternehmen eines Augustinus, eines Eriugena oder eines Anselm »Wissenschaft«? Erst jetzt entsteht eine wissenschaftliche, weil scholastische (schulmäßige) Theologie, die einen legitimen Ort an den aufkommenden Universitäten hat.[3]

Die Rezeption des Aristoteles ist im ganzen gesehen nur ein Element in der sog. Renaissance des 12. Jahrhunderts. Zunächst entstand eine Übersetzungsbewegung, die bis zum Ende des Jahrhunderts nahezu das gesamte Werk des Aristoteles dem lateinischen Mittelalter zur Verfügung stellte. Nur ein ganz geringer Teil der Aristotelischen Philosophie, nämlich wiederum nur ein Teil seines *Organons*, war durch die Übersetzertätigkeit des Boethius am Anfang des 6. Jahrhunderts bekannt. Aristoteles war über Jahrhunderte zwar fremd geworden, aber eben nicht exotisch. Wie sollte man jetzt diese Inhalte und diese Art zu denken unmittelbar verstehen können?

Aristoteles wurde erst durch die mittelalterliche Rezeption zu einer Gestalt, die für Denker vom Rang eines Leibniz, Hegel oder auch Heidegger inspirativ werden konnte. Seine antike Rezeptionsgeschichte ist wechselvoll und in Anbetracht des Gewichtes dieser Philosophie auf eine merkwürdige Weise unproportioniert. Eine Philosophie, die im Raum der griechischen Polis entwickelt wurde, ist natürlich in Städten, in denen die Grundsteine für die Kathedralen gelegt werden, ein Fremdkörper. Doch gehörten wie gesagt auch zur frühmittelalterlichen Tradition immerhin schon Teile der Aristotelischen Logik und deren Vermittlung durch Boethius. Aber die großen Pragmatien – *Über die Seele*, die *Nikomachische Ethik*, die *Physik*, die *Metaphysik* etc. – wurden doch erst jetzt zugänglich.

Hier wuchs den Leistungen der muslimischen Kultur eine unersetzliche Funktion zu. Nicht die Übersetzungen über die arabischen Übersetzungen, die auch ihrerseits zum Teil bereits über das Syrische vermittelte Übersetzungen waren, waren entscheidend; die meisten Aristoteles-Übersetzungen waren solche aus dem Griechischen, und wenn beide vorlagen, wurden diese in der Regel vorgezogen. Zeitlicher und »geistiger« Abstand zu diesem Denker der Antike sagen etwas darüber, welcher Anstrengung es bedurfte, sich das Denken des Aristoteles wieder verständlich zu machen. Entscheidend ist daher, daß der muslimische Kulturkreis bereits seit Mitte des 10. Jahrhunderts, also zwei Jahrhunderte vor dem lateinischen Westen, nahezu über das gesamte Corpus des Aristoteles verfügte. Dies bedeutete naturgemäß einen immensen Vorsprung in der Aneignung und in der Erfahrung bei den damit verbundenen Konflikten. Nirgends war die Konfrontation der biblischen Religion mit der Antike problemlos, weder in der Patristik noch in der jüdischen Kultur, ebensowenig im Islam. Das Christentum des Mittelalters wiederholte dabei nicht bloß die Konflikte, die der Islam schon vorher ausgetragen hatte. Es setzte sich auch seinerseits damit auseinander, wie man dort diesen Konflikt ausgetragen und intellektuell verarbeitet hatte.

Es bedeutet eine erhebliche Inanspruchnahme der Imaginationskraft, wenn man sich die Bedeutung dessen vor Augen führen soll, was sich in der mittelalterlichen Geistesgeschichte im Hinblick auf die Orientierung an Denkern aus dem islamischen Kulturbereich zugetragen hat. Die großen mittelalterlichen Theologen und Philosophen – Albertus Magnus, Thomas von Aquin, Duns Scotus, Meister Eckhart etc. – verfassen ihre Werke und haben dabei ständig die Opera (oder doch die handlicheren Zitatensammlungen) islamischer Autoren zur Hand! Man kann wohl – ganz ohne rhetorische Übertreibung gesagt – keine zehn Seiten eines beliebigen scholastischen Autors lesen, ohne auf irgendein Zitat, einen Verweis oder eine sonstige Spur jener Autoren zu stoßen. Maßgebliche konzeptionelle Entwicklungen im mittelalterlichen Denken sind ohne die Konfrontation mit Denkern aus der muslimischen Kultur nicht verstehbar. Es sind darüber hinaus gerade diejenigen, in denen das Denken des Mittelalters Leistungen erbracht hat, die in manchem auf die Neuzeit oder doch auf das, was man gemeinhin dieser als charakteristisch zuordnet, vorausweisen.

Die Aristoteles-Rezeption verläuft grob gesprochen in zwei Phasen: Während im 12. Jahrhundert die erste Übersetzungswelle erfolgte, war die geistige Auseinandersetzung im wesentlichen ein Werk des 13. Jahrhunderts. Jetzt erst wurden auch die Werke – faktisch natürlich nur ein Teil des jeweiligen Œuvres – der arabischen Autoren selbst bekannt; vor allem Avicenna und Averroes sind hier zu nennen. Die eindringlichen Kommentare des letzteren wurden bis ungefähr 1245 zugänglich. War die arabische Aneignung zunächst eine unersetzliche Erschließungshilfe, so hat sich das Denken des lateinischen Westens nach und nach verselbständigt und das eigene Verständnis des Aristoteles gegen das der arabischen Autoren gestellt und verteidigt.

Neapel ist der Ort, an dem Thomas mit einer zweiten, damals ebenfalls modernen Bewegung in Kontakt kam: dem Orden der Prediger. 1215 hatte das Laterankonzil beschlossen, keine Ordensneugründungen mehr zuzulassen. Aber kurze Zeit später entfalteten zwei Bewegungen eine so ungeheuere Kraft der Erneuerung, daß die Kirche sich ihnen nicht verschließen konnte: zum einen die vom Hl. Franziskus von Assisi ausgehende Gemeinschaft der Minderbrüder, zum anderen die vom Hl. Dominikus gegründete Gemeinschaft der Predigerbrüder. Die Angehörigen waren nicht im traditionellen Sinne Mönche, sondern bloß Brüder. Sie verzichteten nicht nur wie die Mönche zugunsten der Gemeinschaft auf persönlichen Besitz. Wie die Bezeichnung »Bettelorden« sagt, lebten diese vom Betteln (was dem Kleriker verboten war). Die Anziehungskraft und daher auch das Tempo ihrer Ausbreitung waren ungeheuer.

Den Entfaltungsraum dieser neuen Gemeinschaften bildete nicht mehr die klösterliche Abgeschiedenheit, sondern die Stadt, nicht selten solche mit Universitäten. Auch die Organisationsstruktur war neu – nicht mehr feudal, sondern eher demokratisch: Der Vorsteher der Communität wurde auf Zeit gewählt; er hieß nicht mehr Abt, sondern nur noch Prior. Auch hier kann man beobachten, daß sich Thomas mit einer Sache identifiziert hat, die alles andere als unumstritten war. Immer wieder kam es zu erbitterten Auseinandersetzungen, die um keine geringere Frage als die kreisten, ob das Leben als Bettelmönch überhaupt eine legitime Form christlichen Lebens ist. Thomas hat dazu wiederholt und auch erkennbar vehement Stellung genommen.[4] Manche wollten die Bettelorden mit den Prophezeiungen des Joachim von Fiore für eine neu anbrechende Zeit, die geistgewirkt und institutionsfrei sein sollte, zusammenbringen. Für derlei war Thomas natürlich zu nüchtern, doch gehörte diese Deutung zu den großen Erschwernissen in dem Jahrzehnte währenden Kampf um ihre Anerkennung.

Dominikus widmete seinen Orden der Predigt. Der Aufgabe, missionarische Überzeugungskraft zu entfalten, sollten die Prediger durch hochqualifizierte theologische Ausbildung gerecht werden. Welche Stellung die Studien, namentlich die philosophischen, hierbei haben sollten, war eine Frage, die bei Thomas' Eintritt in den Orden noch nicht entschieden war. Er hat neben Albertus Magnus und anderen 1259 an einer entsprechenden Studienordnung mitgewirkt. Die Intensität, mit der die Existenz durch das Leben in einem Orden geprägt wird, schließt ein, daß man Thomas nur sehr äußerlich verstehen kann, wollte man ihn sich nicht im Habit des Predigers vorstellen.

Der Eintritt in den Predigerorden erfolgte in Neapel. Einer der beiden Dominikaner, denen Friedrich II. nach einer allgemeinen Vertreibung den Verbleib in Neapel gestattet hatte, war es, der Thomas zu dem Entschluß brachte, ebenfalls Dominikaner zu werden. Man kann sich nach dem Gesagten ungefähr ein Bild davon machen, was es für seine Familie bedeutet haben mag, ihren neunzehnjährigen Thomas statt Abt von Monte Cassino Bettelmönch werden zu sehen. Chesterton hat es – ohne jede Political Correctness! – mit dem Geständnis des Sohnes aus vornehmer Familie verglichen: Ich habe eine Zigeunerin geheiratet.[5]

Die Familie des Thomas war mit diesem Entschluß natürlich keinesfalls einverstanden. Mit einer Entführung, die erfolgreich war, und einer Verführung, die es nicht war, wollte man ihn davon abbringen. Thomas jedoch blieb fest entschlossen. Nach ungefähr einem Jahr, im Sommer 1245, beugte sich die Familie seinem Entschluß. Auch wenn Thomas später in der Abhandlung der theologischen *Summa* zum Stand des Ordenslebens den möglicherweise hinderlichen Einfluß der Familie vermerkt hat (Sth. II-II, 189.6), sein Entschluß hat der Verbindung zu seiner Familie keinen Abbruch getan.

Wie es ein Teil der Quellen – dem aber die Forschung mittlerweile recht gegeben hat – überliefert, wurde Thomas von seinem Orden zunächst nach Paris geschickt, und man darf annehmen, daß er dort auch studiert hat. Paris hatte damals die berühmteste und angesehenste theologische Fakultät. Albertus Magnus sprach von der »Stadt der Philosophen«.[6] Und genau diesem Gelehrten, auch er Dominikaner, begegnete Thomas damals.

Durch sein Studium in Neapel kam Thomas – früher als dies in Paris wegen der dort geltenden Aristoteles-Verbote möglich gewesen wäre – in Kontakt mit der Aristotelischen Philosophie, noch bevor er Schüler des Albertus Magnus wurde. Als Student und schließlich »Assistent« von Albertus Magnus verfolgte er die Anfänge dessen, was sich Albert ausdrücklich zum Programm gemacht hat. Nachdem er von den verschiedenen Teilen der theoretischen Philosophie gesprochen hat – Naturphilosophie, Metaphysik und Mathematik –, sagt Albert zu Beginn seiner 1251/52 entstandenen *Physik:* »Unsere Absicht ist, alle genannten Teile den Lateinern verständlich (intelligibiles) zu machen.« (Physica I, 1, 1; ed. Col. IV/1, 1, 48-49) Dies war nicht bloß anspruchsvoll (und nach knapp zwei Jahrzehnten auch tatsächlich gelungen), es war auch mit erstaunlichem Bewußtsein von der epochalen Aufgabe formuliert.

Nun wurde es also insofern mit Aristoteles Ernst, als Thomas jetzt sah, daß ein Theologe von dem bereits damals anerkannten Rang Alberts sich jenem zuwandte. Aristoteles schied die Geister: Ist Aristoteles eine Gefährdung der christlichen Identität oder eine in Grenzen legitime und sogar unerläßliche Weise, die Wirklichkeit ohne religiöse Vorgaben zu verstehen? Schon 1210 wurde in Paris die Lektüre des Aristoteles verboten. Diesen später mit dem kuriosen Wort »Aristoteles-Verbot« bezeichneten Vorgang darf man nicht damit gleichsetzen, daß ein Buch – wie etwa im 17. Jahrhundert die Werke des Descartes – auf »den Index« gesetzt wird. Es heißt vielmehr: Die *öffentliche* Lektüre – und die Vorlesungen an den Ordenshochschulen (studium generale) waren öffentlich – wurde verboten; zudem hatte dies nur eine regionale Bedeutung. In Südfrankreich oder auch in England galt dieses Verbot nicht; die Universität Toulouse hat dies zu Werbezwecken entsprechend hervorgekehrt. Es galt, wenn man so sagen dürfte, erst recht nicht an der kaiserlichen Universität in Neapel – wo Thomas sein Grundstudium absolvierte. Wie wenig erfolgreich jene Verbote waren, kann man aus der Häufigkeit ersehen, mit der sie bekräftigt werden mußten. Der Wunsch des Papstes, die Bücher des Aristoteles im christlichen Sinne zu purgieren, blieb unausgeführt. Er war auch unausführbar. Die Stellung zu Aristoteles bleibt unvermeidlich so lange bloß eine Sache der Vorurteile der Mentalität, als seine umfänglichen Schriften nicht wirklich durchdrungen und angeeignet sind. Dies hatte Albert seit einigen Jahren bereits in Angriff genommen, als Thomas bei ihm in Paris Student wurde.

Der Streit um Aristoteles war nicht bloß ein Streit von Modernen mit Konservativen. Selbst der einzelne wirkte hier mitunter zwiespältig. Robert Grosseteste etwa hat nicht nur im allgemeinen ein beachtliches Werk hinterlassen; er ist einer der respektabelsten Übersetzer griechisch schreibender Autoren: des Dionysius Areopagita und des Aristoteles. Auch zu Werken des letzteren hat er kurze Erläuterungen verfaßt. Grosseteste schreibt in seiner Auslegung der Genesis mit dem Titel *Hexaëmeron* von 1235:

»Dies führen wir an gegen einige Zeitgenossen, die versuchen, gegen Aristoteles selbst wie seine Ausleger und zugleich gegen seine heiligen Kommentatoren aus dem Heiden Aristoteles einen Katholiken zu machen; in wunderlicher Blindheit und Anmaßung glauben sie, sie könnten

Aristoteles klarer verstehen und zutreffender auslegen – und dies auf der Basis verdorbener lateinischer Übersetzungen – als sowohl die heidnischen wie die katholischen Philosophen, welche dessen unverdorbenen ursprünglichen griechischen Text vollständig gekannt haben. Sie mögen sich nicht täuschen und vergeblich ihren Schweiß vergießen, um aus Aristoteles einen Katholiken zu machen, damit sie nicht sinnlos ihre Zeit und ihre geistigen Kräfte vergeuden und dann aus Aristoteles einen Katholiken machen und aus sich selbst Häretiker.«[7]

Thomas ging nach kurzer Zeit mit Albert nach Köln; dieser sollte dort eine neue Ordenshochschule gründen. In Köln hat Albert aber auch damit begonnen, erstmals das gesamte Œuvre des Dionysius Areopagita vollständig zu kommentieren. Dessen Werk gibt sich, als sei es von jenem Dionysius geschrieben, den Paulus durch seine Predigt vor dem Areopag bekehren konnte. Eindrucksvoll, aber schwierig zu verstehen, ist es immer wieder übersetzt worden. Mit Dionysius machte sich im Mittelalter neben Augustinus ein Korrektiv gegen eine allzu unkritische Anwendung der griechischen Rationalitätsstandards geltend.

Die mittelalterlichen Biographien heben hervor, daß Albert hinter dem stillen Wesen des Thomas dessen ungeheure Begabung entdeckt und sie dann nach Kräften gefördert hat. In welchem Verhältnis die beiden allerdings in späterer Zeit genau standen, darüber sind nur sehr formelhafte Wendungen im Umlauf. Thomas hat nach seinen Jahren bei Albert einige seiner Schriften rezipiert, umgekehrt war dies kaum der Fall. Immerhin, es gibt solche Ausnahmen, so finden sich etwa in Alberts Hiob-Kommentar Spuren des Thomasischen; doch den späten Albert zum Schüler seines Schülers zu machen wäre eine ganz unangemessene Übertreibung.

In den fünfziger Jahren des 13. Jahrhunderts hatte Thomas seine Feuertaufe an der Universität von Paris zu bestehen. Nach einer intensiven Ausbildung von fünf Jahren durften die jungen

Gelehrten selbst Vorlesungen halten, zunächst über einzelne Bücher der Hl. Schrift, dann über die sog. »Sentenzen« des Petrus Lombardus. Dieser hatte im 12. Jahrhundert eine systematisch geordnete Sammlung von Sentenzen aus der Zeit der Kirchenväter zusammengestellt. Ab den dreißiger Jahren des 13. Jahrhunderts (und bis ins 16. Jahrhundert) wurde daraus *das* Lehrbuch der Universitätstheologie. Dieser Erfolg war anfangs mit Hindernissen verbunden. Thomas hat später aus dem Eindruck, daß hier die Theologie nicht die ihr gemäße Form gewinnt, seine beiden großen Summen in Angriff genommen.

Dies gibt Gelegenheit, die scholastischen Genera kurz vorzustellen. Charakteristisch ist generell die enge Zuordnung der literarischen Gattungen der Scholastik zum Schulbetrieb. Die »lectio« (Vorlesung) findet sich in den Kommentaren, die »disputatio« in den »quaestiones disputatae« und ihre zusammenfassenden Darstellungen in den Summen. Theoriebildung, Konkurrenz der Theorien und schulische Vermittlung bilden eine innige Einheit. Die Quaestio gilt als die originellste Form der mittelalterlichen Literatur. Sie ist zweifellos die für die Scholastik spezifische Methode und Artikulationsform, bei der zu einer einzelnen Frage sowohl Pro- wie auch Contra-Argumente vorgebracht werden. Da nach Aristoteles eine Einsicht die Lösung einer ausweglosen argumentativen Diskussionslage darstellt, muß eine solche Konfrontation vorausgehen. Nur diese ermöglicht den ganzen Reichtum an relevanten Gesichtspunkten. Häufig ergibt sich erst im Zuge der Beantwortung eine präzisere Sinnbestimmung der Fragestellung. An die Beantwortung schließt sich die Entkräftung der eingangs genannten Argumente an, die der gegebenen Antwort entgegenstehen. Solche problematisierenden Einwände beschränkt Thomas in seiner *Summa* auf einige wenige, in den *Quaestiones disputatae* stellt er mitunter zwei Dutzend und mehr zusammen.

Dieses Verfahren ist im Zusammenhang der Textauslegung entwickelt worden, vor allem der Auslegung juristischer Texte, die auf ihre »concordantia« hin untersucht wurden. Nur wenn Konsistenz besteht und als bestehend eingesehen werden kann, ist es rational vertretbar, jenen Texten weiterhin die unterstellte Verbindlichkeit zuzuschreiben. Kontradiktorische Inhalte heben naturgemäß wechselseitig ihre jeweilige Verbindlichkeit auf. Dies macht auch verständlich, in welch hohem Maße scholastische Diskussionen sich an semantischen und logischen Gesichtspunkten orientieren. Erst die genaue Analyse der verwendeten Begriffe ermöglicht den Erweis der Übereinstimmung. Die Fragen sind inhaltlich in unterschiedlichem Maße vorgegeben, erlangen aber in der Entwicklung des mittelalterlichen Denkens eine universelle Reichweite. Sie umfassen wie bei der Diskussion der Gottesbeweise auch noch das, was existentiell gar nicht zweifelhaft ist, jedoch hinsichtlich des Wissenscharakters geprüft werden soll. Jenes Verfahren, der Überlieferung ihre Stellung als Berufungsinstanz durch den Erweis ihrer Konsistenz zu sichern, hatte vor allem Peter Abaelard in die Theologie übernommen; er hat einen Katalog von Auslegungsregeln zusammengestellt (in dem Werk *Sic et Non*), welche den genauen Sinn eines Textes zu bestimmen erlauben sollten.

Zeitweise ist die Bedeutung der Summa weit überschätzt worden.[8] Sie mit den mittelalterlichen Kathedralen in Beziehung zu setzen sei ein Vergleich, der nicht nur hinke, hat Heidegger bemerkt, sondern »völlig unmöglich« sei.[9] »Summen sind nicht ›Systeme‹ und nicht ›Enzyklopädien‹, sondern Werke wissenschaftlicher Spezialisierung, und sie fassen nicht eine Kultur zusammen, sondern höchstens eine Disziplin.«[10]

Schließlich ist auch noch die große Fülle von Kommentaren hervorzuheben. Man kommentiert die Bibel und Aristoteles, nicht aber übrigens Augustinus. Die »Sentenzenkommentare«

sind nur in der frühen Phase Kommentare – und dies nur unter anderem, dann setzt sich eine andere Einstellung durch, die Aussagen mit Fragen der inneren Kohärenz und sachlichen Zustimmungswürdigkeit konfrontiert.

Ein mittelalterlicher Kommentator hat ein prinzipiell anderes Verhältnis zu dem von ihm kommentierten Text als ein moderner Autor, sei er Philologe oder Philosoph oder selbst theologischer Exeget. Es geht ihm nicht primär um eine »historische« Erläuterung eines Textes, darum also, was der Autor gemeint hat, dem dieser mithin zustimmen könnte, wenn man ihn noch fragen könnte. Der Magister hat das Recht, seinen Autor weitgehend im Sinne dessen zu interpretieren, was er selbst für richtig ansieht. Die Maßgeblichkeit eines Textes beruht nicht wie in einem historistischen Zeitalter auf seinem sog. »Einfluß«, sondern auf der Wahrheitsunterstellung. Die moderne Trennung von eigenem Gedanken mit selbst definiertem Anspruch auf Wahrheit und/oder Originalität einerseits und Erläuterung eines fremden Textes andererseits ist auf diese Zeit nicht ohne weiteres übertragbar. Aber gleichwohl hat man auch in der Scholastik um die Auslegung des Aristoteles und Augustinus, des Boethius und Dionysius ausgiebig gestritten. Bei Thomas findet man immer wieder die Konfrontation verschiedener Deutungen mit dem, was der Autor gemeint hat (»intentio auctoris«). Er hebt eigens einmal hervor, daß von Glaubensaussagen nicht abhängen darf, wie man Aristoteles deutet: »Ich sehe nicht, was es mit der Lehre des Glaubens zu tun habe, wie die Worte des Aristoteles interpretiert werden.« (Resp. de 43 art., a. 34; ed. Leon. XLII, 333) Und doch bleibt wahr, daß man die Kommentare des Thomas als Ausdruck von dessen eigener Lehrmeinung lesen darf.

Diese Umgangsweise mit Texten läßt einen relativ großen Spielraum im Hinblick darauf, wie der Text rezipiert wird. Dies gilt schon in formaler Hinsicht: von der bloß erläuternden Paraphrase über die sorgfältige Analyse der kleinsten Sinneinheiten bis zur Strukturierung der gedanklichen Schritte. Die Scholastiker bemühen sich insbesondere, den inneren Aufbau der Texte transparent zu machen. Der freie Umgang mit den Texten kann aber auch so weit gehen, daß der Text lediglich noch zum Anlaß genommen wird, sachliche Fragen zu erörtern.

Die beiden Begründungsinstanzen, durch deren Inanspruchnahme diese Fragen entschieden werden können, sind Vernunft und Autorität. Die Autorität steht in einem eigentümlichen Verhältnis zur Vernunft: Beides sind Instanzen, auf die man sich berufen kann. Die Vernunft ist zwar von universeller Geltung, in ihrer Beweisfunktion aber nicht von unbeschränkter Anwendbarkeit. Gerade die Theologie als Wissenschaft von Offenbarung und Glaube macht eine kritische Untersuchung der Möglichkeiten der Vernunft unvermeidlich. Zum einen ist der Glaube nicht Funktion der für ihn sprechenden guten Gründe, zum anderen übersteigt Gott unendlich die Möglichkeiten menschlicher Einsicht. Der autoritative Text hingegen stellt nur die Tatsächlichkeit einer Behauptung unter Beweis und verbürgt für den, der die Autorität des Textes anerkennt, seine Wahrheit, er vermag sie aber nicht zu begründen, schon gar nicht gegenüber jemandem, der die Autorität des herangezogenen Textes bestreitet. Zudem ist ein Text, dessen Wahrheit unterstellt wird, immer auch der Auslegung bedürftig; es muß allererst determiniert werden, *in welchem Sinne* er wahr ist. Durch die theologische Unterscheidung von göttlicher und menschlicher Autorität vollzieht sich zudem eine weitere Relativierung der menschlichen Autorität; Aristoteles kann irren, vermerkt Albert in seinem Physik(!)-Kommentar.[11]

Die Berufung auf die Ratio geschieht in sehr unterschiedlicher Weise – unterschiedlicher, als den Autoren bewußt zu sein scheint. Doch gehen alle davon aus, daß es allgemeine Prinzipien gibt, die für alles Wissen gelten. Behauptungen werden im Rekurs auf solche Prinzipien oder anerkannte Sätze begründet. In der Theologie kommt es zur ausgedehntesten Diskussion über die Reichweite vernünftiger Argumente: Können Gehalte des Glaubens auch eine vollständig rationale Form annehmen, sind sie durch Analogien verständlich zu machen, oder ist lediglich ihre innere Widerspruchsfreiheit zu erweisen?

Zurück zum Lebensgang: In den sechziger Jahren hält sich Thomas an verschiedenen Orten in Italien auf. Zunächst an der päpstlichen Kurie in Orvieto, in der zweiten Hälfte dieses Jahrzehntes in Rom. Es ist zugleich die Zeit, in der er seine großen Summenwerke in Angriff nimmt.

Die *Summa contra gentiles* ist das erste große systematische Werk des Thomas, dem er seine eigene Architektonik gegeben hat. Diese *Summa* besteht aus vier Teilen, deren Themen grob gesprochen die folgenden sind: 1. Gotteslehre, 2. Schöpfungslehre, 3. Lehre vom Menschen und 4. Sakramentenlehre und letzte Dinge.

Von ganz besonderer Bedeutung ist jedoch die *Summa theologiae.* An dieser hat Thomas seit Herbst 1265 bis zu seinem Lebensende gearbeitet; sie ist wie nicht wenige Großprojekte der Scholastiker unvollendet geblieben.

Summen sind nicht bloß »summarische« Darstellungen, sondern Zusammenfassungen der zentralen Bereiche einer Wissenschaft. In der *Summa theologiae* gibt Thomas seiner Theologie den thematisch vollständigsten und zugleich kürzesten Ausdruck. Was er im zweiten Teil zur Moraltheologie entwickelt, hat sonst nicht nur in seinem Schrifttum, sondern auch in der zeitgenössischen Scholastik keine Parallele. Aber natürlich ist nicht nur die Beantwortung einzelner Fragen, sondern auch deren Abfolge von einem bestimmten Gedanken geprägt. Die

Systematik der *Summa* ist vor Jahrzehnten ein ausführlich diskutiertes Thema der Thomas-Forschung geworden.[12] Summen sind keine Systeme; Systeme kennt erst die neuzeitliche Wissenschaft.

1269 wird Thomas ein zweites Mal nach Paris entsandt. Die Angehörigen der Bettelorden waren innerhalb der theologischen Fakultäten zwar durch die internationale Konkurrenz von besonderer fachlicher Qualität; doch waren die Ordensleitungen naturgemäß daran interessiert, die jungen Gelehrten, nachdem sie die Feuertaufe als Magistri in Paris bestanden hatten, wieder in die Provinzhochschulen zurückzuschicken, um diesen das höchstmögliche Niveau zu garantieren. Aus diesem Grund also war im Falle des Thomas ein zweites Magisterium in Paris strategisch ungünstig; wenn es doch – wie später noch einmal bei Meister Eckhart – in Kauf genommen wurde, dann nur deshalb, weil besondere Aufgaben zu bewältigen waren: die Auseinandersetzung mit der erneut aufflammenden Kritik an den Bettelorden sowie der Kampf um die Stellung des Aristoteles und der Philosophie überhaupt in der Theologie.

Diese letztere Kontroverse hat Thomas an zwei Fronten auszutragen: Zum einen formierte sich angesichts des erstarkenden Aristotelismus eine bewußte Rückbesinnung auf die traditionelle Theologie, ein Neoaugustinismus. Bonaventura war zwar seit Mitte der fünfziger Jahre des 13. Jahrhunderts nicht mehr Universitätslehrer, aber in Paris doch immer wieder präsent. In seinen die alte symbolische Theologie wieder zur Geltung bringenden Predigten von 1273 über das Sechstagewerk kritisiert er nicht bloß selektiv einzelne Thesen des Aristoteles, sondern den Geist, aus dem heraus diese Philosophie ausgebildet worden ist; in der Ausklammerung des Glaubenslichtes liege für sich genommen bereits eine Überschätzung menschlichen Wissens, so hat Bonaventura 1268 in seinen Collationen über den

Hl. Geist gesagt. Die zu dieser Zeit amtierenden Magistri aus dem Franziskanerorden wie etwa Johannes Peckham argumentierten in dieselbe Richtung. Schon während seiner Zeit in Rom hatte Thomas begonnen, Aristoteles zu kommentieren. In Paris spitzte sich die »averroistische Krise« zu. Manche Dozenten in der Fakultät der Artes verstanden ihr Fach nicht bloß als ein allgemeines Propädeutikum, sondern wollten der Theologie – und dies mit Berufung auf Aristoteles – eine vollgültige Alternative entgegenstellen. Der erneute Gang des Thomas nach Paris war eine Entsendung in einen Krisenherd, entsprach aber durchaus auch seinem eigenen Interesse. Sein Umgang mit Aristoteles könnte aus der Perspektive der Neoaugustinisten mit dem Averroismus verwechselt werden. Aber die Averroisten warfen Thomas ebenso eine Abschwächung des Aristoteles vor wie die Neoaugustinisten eine solche des Augustinus. Wollte er beide Traditionen zur »Synthese« bringen? Aber Denken heißt nicht einfach Synthesen bilden – und so hat es Thomas auch nicht aufgefaßt.

Die letzten Jahre seines kurzen Lebens waren erfüllt von einer geradezu fieberhaften Arbeit; auch seine Handschrift – schon damals berüchtigt und auch heute nur für wenige Experten lesbar – weist Züge des Nervösen auf. Er diktierte seinen ihm zur Verfügung gestellten Sekretären gleichzeitig die verschiedenen Texte, an denen er arbeitete. Seine Produktivität erreichte ihren Höhepunkt; man hat errechnet, daß er im Durchschnitt (!) gut zwölf Seiten pro Tag produziert hat.[13]

Nachdem Thomas durch historisch nicht vollständig aufklärbare Umstände – die Quellen sprechen von einer Art mystischer Entrückung, manche Historiker lediglich von einem Zusammenbruch – die Arbeit an den verschiedenen in Arbeit befindlichen Werken am 6. Dezember 1273 abgebrochen hatte, starb er nur wenige Monate später auf dem Weg zum Konzil

Lyon in der Zisterzienserabtei Fossanuova südlich von Rom. Ein Bericht vom wenig appetitlichen Schicksal seiner sterblichen Überreste sei dem Leser erspart.[14] Sie ruhen seit 1974 in der Jakobinerkirche in Toulouse.

Die Geschichte des einsetzenden »Thomismus« ist ebenfalls wechselvoll und ambivalent. Wie schon zu seinen Lebzeiten, war Thomas' Denken hoch geachtet, glühend verehrt und sehr umstritten. Gegen einige Widerstände wurde seine Lehre in den Jahrzehnten nach seinem Tod allmählich Ordensdoktrin. Die große Verurteilung von 219 Thesen im Jahre 1277 – am Todestag des Thomas! – hat allerdings auch einige seiner Lehren betroffen. Nachdem er 1323 heiliggesprochen worden war, sind die entsprechenden Beanstandungen vom Pariser Bischof 1324 eigens zurückgenommen worden. Es bildete sich eine reiche Tradition des Thomismus, die allerdings faktisch immer nur eine theologische Schule neben anderen war. Keiner der großen Philosophen der Neuzeit hat Thomas intensiv studiert. In welchem Maße der Thomismus Thomas in seinen zentralen Gedanken und Anliegen wirklich verstanden hat, wird man heute skeptischer beurteilen als in der Vergangenheit.

Es ist angebracht, wenigstens einige Worte zur Persönlichkeit des Thomas zu sagen. Dies ist deswegen schwierig, weil Thomas hinter seinem Werk nahezu verschwindet. Wenn er »ich« sagt, dann fast nur in der Stereotype: »ich antworte«. Es bedarf vieler zusätzlicher Informationen und hoher Sensibilität, wenn man in seinem Werk Spuren seiner Persönlichkeit finden will. Seine Sprachkraft ist großartig: Wie kaum einer seiner Kollegen hat Thomas die Fähigkeit, zu seiner These in wenigen, leicht überschaubaren Schritten zu gelangen und sie dann kurz und einprägsam zu formulieren. Unter dem Aspekt der Sprachkraft bedürften im übrigen insbesondere seine liturgischen Dichtungen einer eigenen Würdigung. Mit unbedarften Kritikern oder abseitigen Theorien kann er durchaus hart und ironisch ins Gericht gehen. Aber selbst seine Gegner schildern ihn als einen im direkten Disput außerordentlich milden Menschen, der gänzlich an der Sache orientiert ist. Alle Bilder zeigen ihn als Mann von beträchtlicher Körperfülle. Diese sind natürlich keine Porträts, aber auch die Biographen nennen ihn »valde grossus«. Seine Schrift gilt schon zu seinen Lebzeiten als völlig »unleserlich«; seine Schriften zeugen von einem Ernst, der sich von Fanatismus ebenso wie von Unentschiedenheit völlig frei hält. Schon die Zeitgenossen rühmen die stupende Konzentrationskraft dieses Genies, aber auch den großartigen Verzicht auf Selbstdarstellung und sonstige Eitelkeiten – eben das, was die christliche Tradition Demut nennt, im universitären Milieu jedoch ansonsten nicht sonderlich verbreitet ist.[15]

Der Fluch eines Denkers sind seine Schüler. Dieses Bonmot Gilsons trifft auch im Falle des Thomas zu. Nur zu leicht haben seine Schüler die Sprache und damit auch die Denkweise seiner Gegner übernommen. Das soll nicht heißen, daß es nicht im Einzelfall nützlich ist, auch die kenntnisreichen und subtilen Kommentatoren (und Verteidiger) des Thomas, wie Sylvester von Ferrara, Kardinal Cajetan oder auch Johannes a Sancto Thoma, zu konsultieren. Insbesondere die gegen die Tendenzen der Moderne gerichtete Neuscholastik war ihrerseits zum einen weitaus moderner, als sie es selbst gewußt oder auch nur geahnt hat, besaß zum anderen aber doch nicht die Kraft, eine mehr als innerkirchliche Philosophie zu entwickeln. Wo dies der Zuwendung zu Thomas doch gelungen ist, hat es wohl mit dem intensiven Kontakt mit der amerikanischen Kultur zu tun. Darauf hat J. Pieper hingewiesen[16] – und es scheint auch für ihn selbst zu gelten.

Nachdem es längst skurril wirkt, wollte man von Thomas als dem »doctor communis« reden, hat die Zuwendung zu ihm die neue Chance, unabhängig – und das heißt unbefangen von vorphilosophischen Überzeugungen – seine Lehre zu verstehen zu suchen. Ebendiese Unbefangenheit, aber auch das Verstehen selbst wird durch eine intensive historische Forschung befördert. Dies zeigen die großartigen und resultatreichen Einleitungen zur *Editio Leonina*, der großen historisch-kritischen Thomas-Ausgabe, aber auch Monographien wie die von Weisheipl und Torrell. Vor allem die meisterhaften Einleitungen Gauthiers erlauben einen tiefen Einblick in die Werkstatt des Thomas.

Die gegenwärtige Mittelalterforschung hat, so scheint es, die Tendenz, sich zu verselbständigen und über der Eruierung von Fakten und historischen und literarischen Zusammenhängen zu vergessen, daß es der Philosophie, soll ihr Name einen Sinn haben, um Wahrheit geht. Auch wenn jener Thomas-Satz in der einschlägigen Literatur bereits bis zum Überdruß zitiert worden ist, an ihn zu erinnern ist an dieser Stelle einfach unvermeidlich: »Das Studium der Philosophie hat seinen Sinn nicht darin zu wissen, was die Menschen gedacht haben, sondern wie es sich mit der Wahrheit der Dinge verhält«, »studium philosophiae non est ad hoc quod sciatur quid homines senserint sed qualiter se habeat veritas rerum.« (In de caelo I, 22 [228])

In vieler Hinsicht findet die Gegenwart zur antiken Kultur leichter Zugang als zu der des Mittelalters. Dies gilt besonders für die Denkgeschichte. Während der Blütezeit des Existentialismus glaubte man, sich in großer Nähe zu den der Weltliteratur zuzurechnenden Werken des Augustinus zu befinden. Die Opera des Thomas zeigen kaum etwas von den Befindlichkeiten seiner Persönlichkeit – außer eben seine enorme Fähigkeit zur Sachlichkeit. Die Erschließung des denkerischen Gehaltes bedarf des geduldigen Eindringens. Als Gestalt einer Tradition und Mitglied einer Institution verzichtete der mittelalterliche Magister gänzlich auf eine Selbstinterpretation; selbst dort, wo er eine frühere Position veränderte, tat er dies meist lautlos. Für wie fruchtbar Thomas Aristoteles hielt, sieht man nur an seinem Verhalten. Nirgends erlaubte er sich ein tiefergehendes Urteil über die Bedeutung des Aristoteles.[17] Angesichts der Gleichförmigkeit der Darlegung und der Gleichmäßigkeit im denkerischen Tempo darf man sich nicht seinen zufälligen Einfällen und Assoziationen überlassen, sondern gewinnt Erkenntnisse über Profil und Intention des Thomas erst dann, wenn man ihn in die *ihm* zeitgenössischen Alternativen einzubetten versteht. Dies heißt nicht, daß Thomas lediglich zwischen diesen optiert hätte. Die dem Denken eigentümliche Kraft ist es gerade, selbst gangbare Alternativen auszubilden.

Thomas war auf der Höhe der Zeit; wie selbstverständlich schenkte er dem großen Sentenzenkommentar Bonaventuras – einem der erstaunlichsten Werke des 13. Jahrhunderts überhaupt – immer wieder Beachtung; er kritisierte Bonaventuras Thesen und Argumente, aber er etablierte seinen Weg, indem er sich jeweils dem stärksten »Gegner« stellte. In den sechziger Jahren griff er sofort die neuübersetzten antiken Aristoteles-Kommentare auf. Es ist daher kein Zufall, daß er die eigentliche Herkunft des ominösen *Liber de causis* sofort erkannte, als er mit Proklos' *Elementatio theologica* bekannt wurde.

Das Studium des Thomasischen Denkens kann sich nicht wie in anderen Fällen auf Interpretationen durch andere große Denker beziehen. Es hat aber heute eine neue Chance: Der Sinn schulmäßiger Inanspruchnahme ist weitgehend geschwunden. Aber ungeachtet dessen – und trotz mancher verspäteter Herabsetzung – findet Thomas von allen mittelalterlichen Denkern noch immer das größte Interesse. Gleichzeitig ist die historische Forschung bedeutende Schritte vorangekommen. Der Beobachter der Forschungslage muß jedoch den Eindruck gewinnen, daß daraus noch nicht wirklich interpretatorisches und gedankliches Kapital geschlagen worden ist. Hierzu genügt es nicht, Thomas ganz aus der Immanenz zu verstehen; der historische Kontext, gegen den er sich profiliert, ist hier von entscheidender Wichtigkeit. Dieser jedoch kann hier naturgemäß nur andeutungsweise berücksichtigt werden.

2. Glaube und Vernunft, Theologie und Philosophie

Wir sagten, Thomas sei und verstünde sich als Theologe. Seine Theologie steht dabei jedoch dann auch noch vor der Herausforderung des wiederentdeckten Aristoteles. Erstens geht es in den Kontroversen des 13. Jahrhunderts fast immer auch darum, welches das rechte Verhältnis zum Aristotelismus als einer herausragenden Manifestation menschlicher Rationalität ist.

Was die Aristotelische Weltdeutung bedeuten könnte, war zunächst eine offene Frage. Mehrfach wurde versucht, der Gefahr, der konkurrenzlosen Attraktivität dieser Philosophie zu erliegen, dadurch zu begegnen, daß man die universitäre Auseinandersetzung damit unterbunden hat. Das Verbot öffentlicher Lektüre in Paris ist, als seine Aussichtslosigkeit klar geworden war, nach einiger Zeit gemildert und schließlich aufgehoben worden.

Albertus Magnus hat das Problem überhaupt erst gesehen, daß eine eigenständige Aneignung des Aristoteles, die sich auch gegenüber der arabischen Auslegungstradition und ihren möglichen Mißdeutungen zu behaupten vermag, erst noch zu leisten ist. Das ausdrücklich zur Aufgabe gestellte Vorhaben, Aristoteles den Lateinern verständlich zu machen, ist als eines der wenigen der scholastischen Riesenunternehmen tatsächlich vollendet worden. Erst in seiner späten Zeit hat dann auch Thomas sich der immensen Mühe der Aristoteles-Kommentierung unterzogen. Er tat dies dann, als bereits weitere antike Kommentare durch Wilhelm von Moerbeke in lateinischer Übersetzung zugänglich waren. Nirgends gibt er allerdings auch nur den leisesten Hinweis darauf, aus welchen Gründen er so handelte. Die Qualität dieser Kommentare wurde allseits anerkannt – trotz aller Kontroversen um einzelne Deutungen des Textes.

Zweitens geht die Philosophie schon in die Konstitution der Theologie selbst mit ein: Durchgängig kehren die Begriffe, die Beispiele, die Argumente des Aristoteles, aber auch anderer klassischer Autoren wieder. Die Theologie wird im 13. Jahrhundert Wissenschaft. Dies hat es zuvor nicht gegeben. Wissenschaft setzt nicht nur ein Bewußtsein von Methode voraus, sondern in diesem besonderen Fall auch die Bereitschaft, die eigene Unternehmung unter allgemeine Maßstäbe zu stellen. In den – nicht erst bei Thomas – angestellten Untersuchungen darüber, ob die Theologie eine Wissenschaft ist, wenn ja, in welchem Sinne, ist bereits allenthalben die Aristotelische Begrifflichkeit präsent.

Drittens ist die Philosophie aber nicht bloß ein Instrumentarium. Jede denkende Aneignung einer Philosophie modifiziert diese. Gedanken sind nicht identisch wiedergebbare Informationen. In seiner Aneignung der antiken Philosophie hat Thomas eben gerade nicht nur einen gewissermaßen diplomatischen Ausgleich gesucht, sondern seine eminent philosophische Begabung eingesetzt und eine neue Konzeption von Metaphysik entwickelt. Diese trockene Versicherung wird im nächsten Kapitel in ihrer Berechtigung vorgeführt werden. Ihr Inhalt ergibt sich jedoch niemals aus dem Begriff der Philosophie, den Thomas expliziert. Allenfalls in der faktischen Durchführung kann man sehen, daß er keineswegs sich dazu verpflichtet sieht, nur das Philosophie zu nennen, was sich auch selbst so nennt; er kennt – wie auch Albertus Magnus – einen normativen Gebrauch des Wortes. Man kann, glaube ich, den Grund, warum dem so ist, genau angeben. Wo er von der Inanspruchnahme der

Philosophie spricht, meint er keine faktisch bereits vorliegende Größe, er versteht unter Philosophie einen Anspruch auf rationale Begründetheit – von dem immer noch zu prüfen ist, ob er denn zu Recht besteht. So kann er sagen: »Wenn sich aber unter den Aussagen der Philosophen etwas dem Glauben Entgegengesetztes findet, so ist dies nicht Philosophie, sondern vielmehr ein Mißbrauch der Philosophie, durch einen Mangel der Vernunft.« (In de trin., 2, 3; ed. Leon. L, 99)[18] Das soll nicht heißen, unter dieser Voraussetzung ließe sich dann so etwas wie eine »christliche Philosophie« konzipieren. Dies wollte ganz offenkundig keiner der scholastischen Theologen, nicht weil alle dies abgelehnt hätten, sondern weil es für sie gar keine benennbare Möglichkeit war. Es kommt, wie aus jenen Texten ersichtlich werden soll, darauf an, wirklich philosophisch zu denken. Nur dann kann man sich darauf berufen. Die mittelalterliche Scholastik versteht also Philosophie nicht als einen vorliegenden Bestand, dessen Möglichkeiten sie sich instrumentalisierend bemächtigt, aber auch nicht als etwas, was in selbständigen Lehrbüchern neu formuliert werden sollte. Dies hat erst die Barockscholastik (Suarez) getan.

Thomas nimmt die mit dem Aristotelismus gegebene Herausforderung an. Ausgangspunkt hierfür muß aber die sachliche Frage sein: Wie verhalten sich Glaube und Vernunft zueinander? Diese, die christliche Tradition seit der durch Paulus initiierten Missionierung der hellenistischen Welt bewegende Frage wird im 13. Jahrhundert durch die Frage erweitert: Wie verhalten sich Theologie und Philosophie zueinander? Es ist für den modernen Leser vielleicht überraschend, aber eben doch sehr bezeichnend, daß Thomas die Notwendigkeit der Offenbarung angesichts der *Philosophie* zu begründen sucht. Die *Summa theologiae* beginnt mit der Frage: »Ist es notwendig, neben den philosophischen Disziplinen noch eine weitere Lehre zu haben?«

(Sth. I, 1, 1) Dies setzt offensichtlich ein Verständnis von Philosophie voraus, das näher bei der Antike als der Neuzeit liegt. Philosophie hat ursprünglich den Charakter einer Lebensweise, sie ist nicht ausschließlich oder gar primär eine Disziplin des Wissens. Dieses Verständnis der Philosophie ist auf die Bestimmung des Menschen bezogen, genauer auf den Anspruch der Philosophie, den Menschen zu seiner Bestimmung zu führen. Die Frage, die Thomas hierbei stellt, lautet: Wenn die Philosophie den Menschen über seine letzte Bestimmung zureichend und angemessen aufzuklären vermag, führt sie ihn dann auch real zu dieser Bestimmung?

Philosophie und Theologie treten also mit Bezug auf die Sinnbestimmung des menschlichen Daseins in Konkurrenz. Für ein bewußtes Wesen ist aber ein Ziel nur dann erreichbar, wenn es auch erkannt wird. Die Frage nach der Kompetenz der Philosophie knüpft Thomas daher an die Erfüllbarkeit dieser Bedingung: Läßt sich die Bestimmung des Menschen so wissen, daß der Mensch, daß *alle Menschen* diese auch zu erreichen vermögen? Thomas' Antwort ist eine doppelte: Er zeigt hier die Grenzen der menschlichen Vernunft. Dies sind aber weniger – wie etwa in der Kantischen Kritik – strukturelle Grenzen der Vernunft als Vermögen sowie immanente Gründe der Selbsttäuschung über diese Grenzen. Es sind dies vielmehr Defizienzen im faktischen Vernunftgebrauch. Das Gelingen menschlicher Einsicht dort, wo es ums Ganze der Wirklichkeit und seine Existenz geht, ist in der Philosophie an so anspruchsvolle Bedingungen geknüpft, daß die meisten Menschen faktisch von dieser Bestimmung ausgeschlossen blieben. Die Offenbarung macht nach Thomas prinzipiell allen Menschen möglich, was die Vernunft schon als abstraktes Vermögen genommen nur partiell, aber auch faktisch selbst im Glücksfall lediglich einzelnen vorbehielte. »So würde also, wenn einzig der Weg der Vernunft zum Erkennen Gottes offenstünde, das Menschengeschlecht in der größten Finsternis der Unwissenheit verbleiben, da die Gotteserkenntnis, die den Menschen im höchsten Maße vollkommen und gut macht, nur einigen wenigen, und auch diesen erst nach langer Zeit, zuteil würde.« (ScG I, 4 [24])

Die prinzipiellen Grenzen menschlicher Einsicht sind durchaus weiter gesteckt als das Niveau, das bei der vernünftigen Wahrheitssuche der Menschen in aller Regel erreicht wird. Philosophische Einsicht ist an eine bestimmte Begabung gebunden – die bei weitem nicht alle Menschen haben; Einsicht in die Bestimmung des menschlichen Lebens ist Resultat einer langen Bemühung – das menschliche Leben selbst ist aber kurz; das Erreichen des Ziels darf daher nicht an ganz seltene Glücksumstände gebunden werden. Und schließlich ist die Philosophie immer auch dem Irrtum ausgesetzt; das Vorgebrachte bleibt vielfach kontrovers: »[...] von Verschiedenen, die Weise genannt werden, wird Verschiedenes gelehrt.« (ScG I, 4 [25]) Man wird vielleicht einwenden, dies sei eben ein Kennzeichen des Wissenschaftsbetriebes. Doch dieser Einwand verkennt, daß es hier nicht um das Entwickeln von Theorien, um das kultivierte Erwägen von Problemlagen geht, sondern um nichts Geringeres als die Bestimmung des Menschen. Dieser Gesichtspunkt entspricht jedoch durchaus dem Selbstverständnis der antiken Philosophie, derjenigen also, die Thomas vor Augen hatte.

Die Maßstäbe dieser Diskussion sind ganz offensichtlich. Der Mensch soll seine Bestimmung nicht bloß per Zufall und insofern nur ausnahmsweise erreichen. Die Weise, wie ihm sein Ziel präsent ist, muß prinzipiell allen Menschen die Möglichkeit eröffnen, es zu erreichen. Diese universelle Form ist der Glaube. Dabei ergibt sich folgende paradoxe Proportion: Dem Inhalt nach ist die Wahrheit des Glaubens absolut untäuschbar, weil göttlichen Ursprungs. Diese Wahrheit wird jedoch nur in der Form des Glaubens »gehabt«, der, wie Thomas sagt, da er gerade nicht auf einer unmittelbaren Einsicht beruht, auch mit Meinung, Vermutung und Zweifel etwas gemeinsam hat. (Sth. II-II, 2, 1)[19] Die Philosophie ist demgegenüber als Philosophie ein Wissen, zu dessen Definition absolute Gewißheit gehört; als menschliches Unternehmen bleibt sie jedoch ständig vom Irrtum bedroht; sie ist ein höchst anstrengendes Unternehmen, zu dem sich immer nur einzelne aufmachen werden und dessen Erfolg gleichwohl stets gefährdet bleibt.

Umgekehrt hebt eine göttliche Offenbarung aber das Eigenrecht der Vernunft nicht auf. Die Vernunft kann nicht die Wahrheit der Gehalte des Glaubens demonstrieren, sie ist jedoch unabdingbar, um diese zu verstehen. Irrtum ist nicht konsistent möglich. Die Aufdeckung des Widerspruchs ist ein rationales Geschäft. Der schlichte Verweis darauf, daß etwas nun einmal Teil der Offenbarung und also zu glauben ist, hilft nicht, diesen Gehalt auch zu verstehen. Die Philosophie erfüllt eine solche Verständigungsfunktion allerdings nur, wenn sie nicht dadurch definiert ist, d.h., wenn sie als selbständiges, theologieunabhängiges Wissen verstanden wird. Thomas zeigt nicht nur in seinen umfangreichen Kommentaren zu Aristoteles ein solches Philosophieren, auch innerhalb der theologischen Opera ergreift er sichtlich gern jede Gelegenheit, dies ausführlich – und wohl allen zeitgenössischen Artes-Lehrern weit überlegen – zu tun. Natürlich kann man immer wieder die aus seiner Glaubensüberzeugung stammenden Motive erkennen, durch die Thomas ein Aristotelisches Lehrstück modifiziert. Doch hat ihm gerade sein Verständnis des Aristoteles bei den Angehörigen der Artes-Fakultät – und das längst vor seiner Kanonisation und unabhängig von seiner ordensinternen Sonderstellung! – größte Anerkennung gebracht.

Verstehen ist angewiesen auf Gründe. Wer diese verweigert oder gar nicht zu geben imstande ist, läßt den Fragenden im Unverständnis verharren. In einem Quodlibet-Artikel antwortet Thomas auf die Frage, ob die theologischen Bestimmungen auf der Basis der Autorität oder der Vernunft zu geschehen haben, mit der Unterscheidung zweier Formen von Disputation: Wenn es um eine Tatsachenfrage geht, darum, ob etwas als Inhalt des Glaubens zu gelten hat, dann muß man auf die maßgeblichen Texte rekurrieren; wenn es hingegen darum geht, die Wahrheit solcher Inhalte zu verstehen, »dann ist es erforderlich, sich auf Gründe zu stützen, die die Wurzel der Wahrheit erforschen und die das Wissen vermitteln, in welcher Weise das wahr ist, was gesagt wird; wenn der Magister eine Frage mit bloßen Autoritätsbeweisen beantwortet, wird der Hörer zwar dessen vergewissert, daß etwas der Fall ist, erwirbt jedoch damit kein Wissen und kein Verständnis und geht so mit leeren Händen davon« (Qdl. IV, a. 18; ed. Leon. XXV, 340). Der innere Bezug von Wahrheit und Verstehen steht auch im Hintergrund, wenn Thomas das Rechten Hiobs mit Gott in seinem einflußreichen Kommentar zum entsprechenden Buch damit rechtfertigt, daß die Wahrheit eben nicht personabhängig ist: »Man muß in Betrachtung ziehen, daß die Wahrheit durch die Verschiedenheit der Personen nicht verändert wird. Wenn daher jemand etwas Wahres sagt, kann er nicht besiegt werden – mit wem auch immer er diskutiert.« (In Iob 13, 19; ed. Leon. XXVI, 87)[20]

Damit ist aber noch nichts darüber gesagt, von welcher Art diese Gründe sein können. Die Inhalte der Offenbarung, auf die sich der Glaube der Christen stützt, lassen sich nicht aus evidenten Prinzipien beweisen. Es sind für Thomas – anders als etwa für Bonaventura – zwei einander nicht überlappende Verhältnisse zur Wirklichkeit, etwas zu wissen oder etwas zu glauben. Denn das Wissen macht eine Sache »ersichtlich« und »offenkundig« und ist darin der optischen Wahrnehmung vergleichbar; was ich aber mit eigenen Augen sehe, von dem kann ich nicht sagen, daß ich es glaube. (Sth. I-II, 1, 5)

Es läßt sich nicht mit Aussicht auf allgemeine Zustimmung rational beweisen, daß Gott dreieinig ist, der Logos in Jesus sich inkarniert hat. Wenngleich dieser Anspruch mitunter – nicht immer – großartige Philosophien hervorgebracht hat, so hat er sich doch niemals einlösen lassen. Aber selbst in der Frage, ob die Welt einen zeitlichen Anfang gehabt haben muß, ob dies also beweisbar ist, rät Thomas zur Vorsicht. Daß dem so ist, geht aus der Offenbarung hervor. Die Gründe, die man traditionellerweise dafür anbringt, sind in seinen Augen letztlich nicht durchschlagend. Die Überzeugungskraft der Gründe ist also wesentlich. Gründe, aus denen eine Glaubensaussage nicht wirklich folgt, desavouieren den Glauben und geben ihn der Lächerlichkeit preis. (Sth. I, 46, 2; De rationibus fidei, c. 1; De pot. 4, 1)

Innerhalb der Theologie kann es also in aller Regel lediglich »Konvenienzgründe«, Wahrscheinlichkeitsgründe (rationes versimiles) geben, eine Form von Einsicht, welche auf Vergleichen und Analogien beruht, die zum einen den Sinn dieser Aussagen erschließen, zum anderen aber zeigen, daß es sich nicht um so völlig fremdartige Dinge handelt, die alle Brücken zu dem abbrechen, was wir sonst von der Welt wissen. (ScG 1, 8 [48-49]; In De trin. 2, 3)

Solche Erörterungen der verschiedenen Wissensformen haben nur einen sehr weiten Verwandtschaftsgrad mit den Problemen, die sich etwa ein Hieronymus mit seiner Cicero-Lektüre gemacht hat. Sie haben ebenfalls so gut wie nichts mit der Frage zu tun, wie sie sich einem Dogmatiker der Gegenwart im Hinblick auf sein Verhältnis etwa zu Kant und Hegel stellt. Letztere entwickeln eine Philosophie, die in ihren Motiven ohne das

Christentum gar nicht zu verstehen ist. Aristoteles hingegen schreibt vor Christi Geburt. Es geht aber dabei eben nicht bloß um einzelne Lehrmeinungen – etwa die Ewigkeit der Welt. Aristoteles ist nicht bloß ein vielleicht interessanter, vielleicht gefährlicher Autor, er ist in einem hohen Maße Teil des mittelalterlichen Bildungssystems.

Thomas wollte sich ausdrücklich dagegen verwahren, den Rückgriff auf die Philosophie als eine Veräußerlichung oder Verwässerung zu denunzieren. »Diejenigen, welche philosophische Texte in der Theologie im Zurückführen auf den Gehorsam des Glaubens verwenden, mischen nicht Wasser in den Wein, sondern verwandeln das Wasser in Wein.« (In De trin., 2, 3 ad 5; ed. Leon. L, 100). Bonaventura hingegen hat 1273, knapp zwanzig Jahre später, die gegenteilige Befürchtung geäußert: »Es darf also nicht so viel Wasser der Philosophie in den Wein der Hl. Schrift gemischt werden, daß aus dem Wein Wasser würde; dies wäre das allerschlechteste Wunder.«[21]

In einer Predigt *(Attendite,* gehalten am 14.7.1269 in Paris) hat Thomas von Aquin selbst darauf bestanden, daß die faktisch vorliegende Philosophie der Antike der Kontroverse und dem Irrtum ausgesetzt ist: »Es gab viele heidnische Philosophen und [diese] sagten vieles zu dem, was den Glauben betrifft; kaum zwei findet man, die in einer Lehrmeinung übereinstimmen; und wer auch etwas Wahres gesagt hat, hat es doch nicht ohne Beimischung von Irrtum gesagt. Ein altes Weiblein weiß mehr von dem, was zum Glauben gehört, als alle Philosophen.« (Attendite; ed. Vivès, XXXII, 676a)[22] Der Glaube ist daher seinem wahren Inhalt nach der Philosophie überlegen, aber das Wissen ist an sich eine höhere Form des Wirklichkeitsverhältnisses.

Für den modernen Betrachter kompliziert sich die Lage dadurch, daß die unübersehbar vielen Berufungen auf klassische

Stellen den Eindruck erwecken, das mittelalterliche Denken sei auch dann autoritätsgläubig, wenn es philosophiere. Hierzu ist folgendes zu sagen: Die Scholastik kennt zwei Formen von Verbürgung, nämlich durch einen Grund der Vernunft (ratio) und durch einen anerkannten Satz (auctoritas). Thomas gliedert fast durchweg die Kapitel seiner *Summa contra gentiles* in einen argumentativen Teil und einen abschließenden Verweis auf autoritative Texte. Die unzähligen Zitate machen jedoch auf den modernen Leser den Eindruck, als binde sich das mittelalterliche Denken vollständig an vorgegebene Traditionen, sei es nun die der Kirche oder der Philosophie. Aber Thomas nimmt nicht die Person Aristoteles als Autorität, sondern seine Texte als »Autoritäten«. Man kann einmal eine Äußerung über die Brachylogie des Aristoteles finden oder darüber, daß sein Denken – anders als das Platons – durch den Ausgang von der Wahrnehmung bestimmt ist. Daß aber ebendies der Organisation des menschlichen Erkennens auch vollständig entspricht, muß sich der Leser hinzudenken. Thomas enthält sich im Unterschied zu anderen Aristotelikern, Averroes etwa, jeglicher Aristoteles-Eloge. Nun könnte man zu bedenken geben, daß die Weise, wie der Mensch die Wirklichkeit erschließt, durch den Ausgang von der Wahrnehmung gekennzeichnet ist, dies sagt doch gerade Aristoteles. Wenn die Methode einer Philosophie der Wirklichkeit entspricht, besagt dies doch gar nichts, wenn die Wirklichkeit schon mit ebendieser Philosophie gedeutet worden ist. Aber niemals hat für Thomas in der Philosophie etwas deswegen Geltung, weil Aristoteles es gesagt hat. Seine Maßgeblichkeit bezieht sich darauf, basale Argumente und Konzepte vorgelegt, nicht aber die menschliche Ratio ausgemessen zu haben. »Ein Autoritätsargument, welches auf der natürlichen Vernunft gründet, ist das allerschwächste.« (Sth. I, 1, 8 ad 2) Der bedeutende, aber durchaus nicht immer im historischen Sinne zuverlässige

Thomas-Kommentator Cajetan hat dafür seinerseits eine gelungene Formulierung gefunden: Thomas interpretiere Aristoteles »als Philosophen«, als Zeugen der menschlichen Vernunft, nicht aber »als Aristoteles«, als einen beliebigen Theoretiker aus dem 4. vorchristlichen Jahrhundert; Thomas kann dies, weil bei der Interpretation von Texten der Gesichtspunkt der Wahrheit den Primat innehat. (Cajetan, Commentaria, in: Sth. II-II, 172, 4 ad IV; ed. Leon. X, 382 b)

Gewiß nennt Thomas, wie die Scholastik überhaupt, Aristoteles einfach »philosophus«, *den* Philosophen. Aber Thomas kann sich durchaus auch auf andere Philosophen berufen. Denn dieses Sichberufen ersetzt nicht die rationale Begründung. Man darf wohl folgendermaßen sagen: Ob eine Behauptung zu Recht besteht, läßt sich nur an den Gründen prüfen, die für sie vorgebracht werden. Daß es sich aber lohnt, über diese Gründe nachzudenken – auch wenn sie auf Anhieb überhaupt nicht plausibel scheinen –, kann nicht selbst noch einmal begründet werden. Darin liegt unter anderem die unersetzliche Funktion der Autorität.

Der Begriff der »auctoritas« hat im Mittelalter ohnehin nicht die leicht zugängliche Bedeutung, welche die Bekanntheit des Wortes suggeriert. Thomas spricht zwar von der Autorität der Hl. Schrift: Der Glaube an den göttlichen Ursprung dieses Textes schließt die Überzeugung von seiner Verläßlichkeit ein; ähnlich spricht Thomas von der Autorität der Kirche oder eines Theologieprofessors. »Auctoritas« kann jedoch ebenso auch soviel heißen wie: maßgeblicher, klassischer Text. Dies zeigt sich daran, daß Thomas durchaus von »*den* Autoritäten« – des Aristoteles – sprechen kann. Selbst für die großen Ausleger der Hl. Schriften in der Zeit der Kirchenväter – er bezeichnet sie wie die Autoren der Bibel als »sancti« – nimmt er selbstverständlich keine Unfehlbarkeit an. (Qdl. XII, q. 16; ed. Leon. XXV, 421)

Allerdings gibt es keine prinzipielle Gewähr, daß das Verhältnis des Thomas zu Aristoteles – und zu Platon, dem *Liber de causis* etc. – vollständig mit Hilfe derjenigen Kategorien gefaßt werden kann, die er selbst entwickelt hat. Da sind einerseits einzelne, explizit gemachte Korrekturen; um ein Beispiel zu nennen: Zu dem Argument des Aristoteles, es könne keinen Anfang der Zeit geben, weil jeder Zeitpunkt einen Vorgänger wie einen Nachfolger hat, sagt Thomas, es sei zirkulär; denn wenn es einen Anfang der Zeit gäbe, also einen ersten Zeitpunkt, dann hätte dieser zwar einen Nachfolger, aber eben keinen Vorgänger. (In Phys. VIII, 2; 983) Solche ausdrücklichen Einwände sind jedoch in der Tat selten. Daneben gibt es eine stattliche Reihe von Interpretationen, bei denen der Leser nicht ganz sicher sein kann, ob Thomas wirklich beansprucht, eine Deutung zu geben, der Aristoteles seiner Meinung nach zugestimmt hätte: Sollte dieser, um beim selben Problemkreis zu bleiben, etwa für seine Lehre von der Ewigkeit der Bewegung bloß Wahrscheinlichkeit beansprucht haben, wie Thomas, übrigens in der Nachfolge von Maimonides, ihm zudiktiert? Ebenso hat man längst beobachtet, daß bei aller Zustimmung zur Aristotelischen Kritik an der Platonischen Ideenlehre Thomas dessen harsche Äußerungen doch eher abmildert. Zu beachten hierbei ist aber: Der Magister hat das Recht, den Sinn eines Textes zu determinieren. Das dabei anzuwendende »principle of charity«, die zu beachtende »reverentia«, meint keine Verpflichtung zu künstlicher Harmonisierung, sondern dazu, einen Text möglichst im Sinn dessen zu interpretieren, was auch der Deuter selbst als Wahrheit anzuerkennen bereit ist. Anderenfalls verliert der Text seine Maßgeblichkeit; dies gilt etwa für den autoritativen Charakter des ehedem Augustinus zugeschriebenen *Liber de spiritu et anima.* (Sth. I, 77, 8 ad 1 u.ö.) Andererseits aber lassen sich auf dem Gebiet der Metaphysik – davon wird im nächsten Kapitel die Rede sein – durchaus prinzipielle Neuansätze erkennen. Diese hat Thomas jedoch nirgends als solche hervorgehoben. Vielleicht setzt also selbst die Kategorie der Autorität einerseits noch eine zu distanzierte Beziehung voraus, um das Verhältnis des Thomas zu Aristoteles zu fassen. Denn im Verhältnis zu einer Autorität muß immerhin noch ein Anspruch ausdrücklich anerkannt werden, während Aristoteles weitgehend schon die Sprache mitbestimmt. Andererseits beruht die Inanspruchnahme eben nicht auf der zugebilligten Autorität, sondern auf der beanspruchten Einsichtigkeit des Gesagten, auf etwas also, bei dem die Rolle des Individuums gleichgültig ist. Ein gewisses Maß an Fremdheit hat Aristoteles aber schon deswegen behalten, weil er nur in Übersetzung präsent war. Wie eindrucksvoll Thomas in das Denken des Aristoteles einzudringen vermochte, kann man ersehen, wenn man eine längere Passage des Aristoteles latinus liest, dessen Ausdrucksweise doch ziemlich dunkel ist; Chenu konnte sogar auf Stellen hinweisen, an denen Thomas Aristoteles gegen den verderbten lateinischen Text liest und auf diese Weise den ursprünglichen Sinn wieder erreicht.[23]

Ein Bonaventura hat in der prinzipiellen Begrenztheit der Philosophie die Gefahr liegen sehen, die Menschen beschränkten sich am Ende auf diese. Thomas hingegen gibt der Philosophie ein eigenes Recht, das aber einzig darin gründet, daß wirkliche Einsichten gewonnen werden. Handelt es sich nämlich um Wahrheit, kann es keinen Widerspruch zu dem geben, was Menschen als göttliche Offenbarung anerkennen. Dies betrifft nicht nur den Inhalt, sondern auch die Form; denn zur Philosophie gehört durchaus das Bewußtsein, einerseits sich nicht bloß auf »sterbliche Gedanken« beschränken zu dürfen, andererseits das Unsterbliche nur auf sterbliche Weise wissen zu können. Das menschliche Wissen beruht nun aber auf Prinzipien, die geradezu natürlichen Status haben. In der Reflexion darüber, warum letztlich aus p q folgt, rekurriert man auf Prinzipien, die einer weiteren Begründung nicht mehr zugänglich, allerdings auch nicht bedürftig sind. Da sie quasi in der menschlichen Natur verankert sind, diese aber von Gott geschaffen ist, kann aus ihnen nichts gefolgert werden, was der göttlichen Offenbarung widerspricht. (ScG I, 7) Die Erkenntnis, was die Wirklichkeit bestimmt und wozu der Mensch bestimmt ist, hat also auch innerhalb des religiös motivierten Denkens einen legitimen Ort. Thomas hat sich dort gern und erfolgreich aufgehalten.

3. Die Metaphysik

Bei der Philosophie des Thomas von Aquin handelt es sich nicht, wie das vorangegangene Kapitel gezeigt haben sollte, um eine äußerliche oder selektive Adaption des Aristotelismus unter den Bedingungen der christlichen Theologie. Vielmehr vollbringt Thomas an markanten Stellen eine tiefgreifende Transformation des Aristoteles. Dies gilt wohl am stärksten innerhalb der Metaphysik: »Als Philosophie ist der Thomismus wesentlich Metaphysik«, hat ein großartiger Interpret des Thomas, Étienne Gilson, geschrieben.[24] Diese Transformation ist aber alles andere als offenkundig. Thomas selbst macht auf solche Unterschiede nicht eigens aufmerksam; eine lange Tradition hat deshalb die philosophische Kongruenz von Thomas mit Aristoteles hervorgehoben, und gerade damit eine ganz besondere Dignität verbunden. Die historische Forschung kann nun an unzähligen gedanklichen Elementen Differenzen aufzeigen; doch bleiben diese leicht entweder ohne generelle Deutung überhaupt, oder sie werden bloß auf die geänderten theologischen Vorzeichen zurückgeführt. In beidem steckt wenig Philosophie.

Begriff und Begründung der Metaphysik

Thomas hat wie alle anderen Scholastiker keine Metaphysik als separates Buch geschrieben, wohl aber eine solche entwickelt.

Sie findet sich quer verstreut über fast sein gesamtes Œuvre. Sie findet sich jedenfalls *nicht* – wie man das vielleicht erwartet – ausschließlich in seinem Kommentar zur Aristotelischen Metaphysik. Wenden wir uns zur Darlegung seines *Begriffes* von Metaphysik am besten einem zusammenhängenden Text zu: dem kurzen Vorwort, das Thomas seinem Kommentar zur Aristotelischen Metaphysik vorangestellt hat.[25]

Wir können dort auch beobachten, daß Thomas bereits verschiedene Konzeptionen von Metaphysik kennt und diese zu einer Synthese bringen möchte. Die Art, wie er die Disziplin Metaphysik einführt, gibt uns darüber hinaus auch die Gelegenheit, ein gängiges Vorurteil über die Metaphysik gleich zu Anfang bewußtzumachen und dadurch fernzuhalten: Das Meta-, das Trans-, das Über-Hinaus unterliegt nämlich häufig dem Mißverständnis, es handle sich bei Metaphysik um die Betrachtung einer anderen Welt, die über oder in einem obskuren Sinne sogar hinter derjenigen liegt, die für uns sichtbar und erfahrbar, also irgendwie gegeben ist. Wir können hier nicht verfolgen, wie es historisch zu diesem Mißverständnis gekommen ist; wir sollten es jedoch gleichwohl bereits am Anfang fernhalten. Der Sache nach – wenn schon nicht der ausdrücklichen Reflexion nach – ergibt sich dies auch aus der Betrachtung dieses Prologs. Daraus läßt sich zweitens auch entnehmen, daß Metaphysik nicht auf die Seite der »Seinsordnung« gehört, von der eine »Erkenntnisordnung« abzusetzen wäre, welche dann das Thema einer sog. Erkenntnistheorie bildet.[26] Solche verräumlichenden Veranschaulichungen sind ebenso irreführend wie hartnäckig. Wir dürfen aber nicht in Ebenen denken, wenn Thomas doch in der Form von je unterschiedlichen Gesichtspunkten von der Sache redet!

Thomas begründet die Metaphysik nicht zuerst damit, daß es eine Wirklichkeit jenseits des Physischen gibt und dementsprechend eine Wissenschaft erforderlich ist, die von jener Überwelt handelt. Er begründet Metaphysik primär mit dem Wissensbegriff, nicht mit dem Hinweis auf eine metaphysische Wirklichkeit. Die Struktur des Wissens macht es erforderlich, auch von einem Wissen im höchsten Sinne zu reden. Wissen versteht Thomas aristotelisch: eine Einsicht in die notwendigen Bestimmungen einer bestimmten Art von Wirklichkeit zur Verfügung zu haben. Anders als die Platonische Dialektik oder später die Cartesische »mathesis universalis« ist das menschliche Wissen für Aristoteles nicht einheitlich und einförmig, sondern ein gegliedertes Ganzes. Ist aber auch die Wissensform verschieden, je nachdem ob es sich etwa um die innere Struktur der menschlichen Handlung oder die Bewegungsart der Elemente handelt, für alles spezifische Wissen gilt doch dies, daß es nicht voraussetzungslos ist: In die Optik etwa gehen Prämissen ein, die aus der Geometrie, aus einer anderen Wissenschaft also, stammen. Das menschliche Wissen hat also einerseits die Differenziertheit verschiedener Wissensformen, andererseits aber einen Zusammenhang durch unabdingbare wissenschaftsübergreifende Voraussetzungen. Die zweite Gemeinsamkeit ist der Sinn des Wissens. Wissen ist für Thomas – wie übrigens für die gesamte Antike auch – kein Bestand an aufgreifbaren vorliegenden Informationen, sondern eine menschliche Wirklichkeit. Daher bezieht Thomas wie selbstverständlich das Wissen final auf die Vollkommenheit des Menschen. In dieser liegt seine Glückseligkeit. Dies darf natürlich nicht mit irgendeiner Art Pragmatismus oder gar Utilitarismus verwechselt werden. Etwas ist in den Augen des Thomas nicht deshalb wahr, weil es die Glückseligkeit des Menschen befördert. Aber die Suche nach Wissen wird nicht verständlich, wenn man das Streben des Menschen nach Glückseligkeit nicht in Rechnung stellt: »Alle Wissenschaften und Künste sind auf eines hingeordnet, nämlich auf die

Vollkommenheit des Menschen, in welcher seine Glückseligkeit liegt.« (In Met., prol.) Thomas gibt Aristoteles uneingeschränkt recht, wenn dieser im ersten Satz seiner *Metaphysik* sagt, daß alle Menschen von Natur aus nach Wissen streben; er fügt dem an anderer Stelle hinzu, daß diese natürliche Tendenz eine von Gott gegebene ist. (ScG I, 4 [23]) Das bedeutet: Das Wissensstreben darf nicht als Neugierde denunziert werden. Dies ist nun aber – wenn es sich wirklich um Philosophie handelt – nicht in einer irgendwie weltfreundlicheren Option begründet, sondern darin, daß dieser Begriff des Wissens eine interne Sinnstruktur aufweist; sie ist der eigentliche Grund, die Gegenstände des Wissens vor der Beliebigkeit, etwa der Neugierde, zu bewahren.

Für den Zusammenhang des Wissens selbst kann jedoch die Ausrichtung auf die Vollkommenheit der Menschen nicht ausreichend sein. Es bedarf wie in allen Fällen, in denen Verschiedenes einen gegliederten Zusammenhang bildet, eines Prinzips, einer Instanz, die das übrige bestimmt und beherrscht. Wenn dies also nur selbst wieder eine Art des Wissens sein kann, dann die höchste. Daß das Wissen nicht bloß verschiedenen Inhalt, sondern auch verschiedene Form haben kann, leuchtet schnell ein. Daß diese Verschiedenheit jedoch eine hierarchisch gegliederte sein kann, ist vielleicht nicht auf Anhieb zu verstehen. Aber es ist damit etwas gemeint, was zuvor schon angedeutet worden ist: Höheres und niedrigeres Wissen unterscheiden sich dadurch, daß zweiteres voraussetzungsreicher, spezifischer ist als das »höhere«. Was mehr an der Wirklichkeit verständlich macht, nennt Thomas »verständlicher« (intelligibilior). Ein solcher Komparativ setzt – als Kriterium – einen Superlativ voraus. Genau dies sagt Thomas; er spricht von dem am meisten Verständlichen (maxime intelligibilia).

Bislang hat Thomas immer noch nicht von einer bestimmten Wissenschaft gesprochen. Er untersucht zum einen die Gliederungsform des menschlichen Wissens, zum anderen denjenigen Sinn des Wissens, aus dem eine solche Gliederung hervorgeht. Wissen zielt aber nicht nur auf Gegenstände, die überhaupt verständlich, für den menschlichen Verstand transparent zu machen sind. Wenn es stimmt, daß darin ein in höchstem Maße Verständliches vorausgesetzt ist, dann muß zunächst gefragt werden, was man sich dabei denn zu denken habe. Thomas differenziert dies in drei unterschiedliche Sinne:

1. Der erste Gesichtspunkt betrifft den Prozeß der Erkenntnisgewinnung. Das Verstehen meint stets ein Zweifaches: einmal dasjenige, das es zu verstehen gilt, und zum anderen dasjenige, wodurch etwas verständlich wird. Dieses letztere muß in einem höheren Maße verständlich sein als dasjenige, das durch es allererst verständlich werden soll. Anderenfalls wäre die Gewißheit, die im Erkennen, falls es gelingt, erreicht wird, unverständlich. Es würde dann etwas Problematisches durch ein anderes, ebenfalls Problematisches »erklärt«. Dies hebt den Sinn von Verstehen auf. Der Grad an Verständlichkeit wird nun um so höher, je weniger voraussetzungsreich die Gründe sind, durch die etwas verständlich gemacht wird. Das heißt: Das Wissen, das sich auf die ersten Gründe bezieht, hat am stärksten den Sinn von Verständlichkeit. Das Wissen von ersten Gründen wäre daher das Wissen von dem am meisten Verständlichen.

2. In einer zweiten Hinsicht läßt sich der Sinn des Ausdrucks »am meisten verständlich« durch den Vergleich der Verstandes- mit der Wahrnehmungserkenntnis erläutern. Die Wahrnehmung ist eine Erkenntnis, die stets auf einzelnes geht, der Verstand hingegen gewinnt Einsicht in allgemeine Zusammenhänge. Er bildet Begriffe, unter die wir das einzelne subsumieren. Das am meisten Verständliche muß also Bestimmungen und Sachverhalte von höchster Allgemeinheit betreffen. Von dieser Art ist der Begriff des Seienden (ens). Von allem, von dem

wir überhaupt reden können, das wir denken oder vorstellen, wünschen oder befürchten können, können wir sagen: Es ist. Wir sprechen es als ein Seiendes an. Im Zusammenhang damit stehen andere Grundbegriffe des menschlichen Denkens: Eines und Vieles, Wirklichkeit und Möglichkeit. »Dergleichen [wie die Erkenntnis von ›seiend‹] darf nicht gänzlich unbestimmt bleiben, da ohne diese eine vollständige Erkenntnis dessen, was einer Gattung oder Art eigentümlich ist, nicht erreicht werden kann.« (In Met., prol.) Dies kann aber von keiner einzelnen Wissenschaft untersucht werden. Denn da alle einzelnen Wissenschaften diese Grundbegriffe gleichermaßen voraussetzen, kann keine in einem höheren Maße die Kompetenz hierfür beanspruchen als irgendeine andere. Daher bedarf es einer eigenen Disziplin, welche jene Grundbegriffe menschlichen Denkens zum ausdrücklichen Thema ihres Nachdenkens macht. Diese Grundbegriffe werden im Denken und Forschen nicht gelegentlich und zufällig gestreift, sondern ständig und überall vorausgesetzt.

Man hat gegen die Metaphysik eingewandt, durch sie werde das Wissen nicht vermehrt, sie sei daher überflüssig. In der Tat: Was fügt eine Metaphysik des Einen dem hinzu, was die Mathematik über die Eins als Prinzip der Zahlenreihe und die Biologie über die Einheit eines Organismus sagen kann? Thomas spricht nicht eigentlich von einer Vermehrung des Wissens, sondern von einer Komplettierung. Diese wird in unserem Beispiel dadurch erreicht, daß die verschiedenen Sinne von Einheit reflektiert werden. Wenn das eine Wort nicht bloß zufällig mehrere unterschiedliche Bedeutungen hat, dann ermöglicht die Durchdringung ihres Zusammenhangs – eine Form von Einheit! – eine bewußtere Rede. Wir wissen dann nicht quantitativ mehr über die Welt, aber wissen genauer, weil differenzierter, was wir sagen.

3. Zuletzt muß noch nach dem allgemeinen Grund dafür gefragt werden, daß etwas verständlich ist. Thomas sagt, daß der Grund dafür, verstehen zu können, derselbe ist wie dafür, verstanden werden zu können. Er liegt in der Immaterialität. Eine solche Trennung von der Materie kann jedoch zwei unterschiedliche Formen haben: Die Trennung kann auf Abstraktion beruhen – in der Begriffsbildung sehen wir von den Besonderheiten der einzelnen Realisierungen der jeweiligen Form ab. Diese Trennung kann aber auch eine ontische sein, dann nämlich, wenn etwas seinem Wesen nach nicht materiell ist. Von dieser Art sind für Thomas die Engel und Gott selbst. Eine Wissenschaft, die von diesen handelt, handelt also ebenfalls von dem »am meisten Verständlichen«.

Was stiftet nun die innere Einheit dieser Disziplin, genannt Metaphysik? Man könnte dabei ja die These vertreten, daß es sich letztlich um zwei Disziplinen handelt: eine, welche die allgemeinsten Denkbestimmungen thematisiert, das Seiende als das Seiende, und eine andere, welche reale Instanzen (Gott und die Geistwesen) zum Gegenstand hat. Die letztere Disziplin wäre dann gewissermaßen eine speziellere, denn ihre Gegenstände sind in dieser Perspektive auch bloß einzelne Fälle von Seiendem. Diese Konzeption, welche die Metaphysik in eine allgemeine und in mehrere besondere Metaphysikdisziplinen gliedert, ist in der Neuzeit spätestens seit Suarez vorherrschend geworden und bestimmt sogar noch die Architektonik der *Kritik der reinen Vernunft*.

Thomas von Aquin geht aber eindeutig einen anderen Weg. Die immateriellen Substanzen sind uns ja gar nicht direkt zugänglich. Sie werden in der Philosophie allererst erschlossen. Und zwar erschlossen als umfassende und erstrangige Ursachen (universales et primae causae essendi). Wir gehen daher in der Metaphysik vom Seiendsein aus und fragen nach dessen Gründen. Was also sich ausnehmen könnte wie zwei völlig disparate Fragestellungen und Themen, verknüpft Thomas durch eine Begründungsrelation und bringt es damit zu einer gewissen Einheit. Primärer Gegenstand der Metaphysik ist das »ens commune«. Davon gehen wir aus und fragen dann nach dessen Bestimmungen und nach dessen Gründen. Der Allgemeinheitscharakter des Gegenstandes beinhaltet übrigens, daß das Seiendsein nicht notwendig festgelegt und eingeschränkt ist auf das materielle Sein. Thomas schließt den Prolog mit einer Erläuterung der verschiedenen Namen für das, was hier als oberste, höchste und allgemeinste Wissensdisziplin erörtert wurde: »theologia« – insofern in dieser philosophischen Disziplin, die auch Aristoteles bereits theologische Wissenschaft genannt hatte[27], bestimmte Substanzen betrachtet werden; »metaphysica« – insofern sie das »ens« betrachtet; »prima philosophia« – insofern sie die ersten Gründe der Dinge betrachtet.

Dagegen scheint ein Einwand auf der Hand zu liegen: Wenn man für das Seiendsein einen Grund angibt, dann kann dieser doch nur auch wieder ein seiender Grund, die Begründung somit nicht anders als zirkulär sein. Mit Berufung auf Avicenna hat der Averroist Siger von Brabant genau dies geltend gemacht, indem er bereits vor Leibniz die Frage stellt, »warum ist eher etwas als nichts?«[28], wobei er diese Frage jedoch aus dem genannten Grund für sinnlos hält. Aber Thomas sagt eben nicht, daß ein Seiendes Grund für das Seiendsein ist – was in der Tat eine nichtssagende Tautologie wäre –, sondern vielmehr: Um zu verstehen, daß Dinge sind, bedarf es einer allgemeinen, aber gleichwohl realen Ursache, die selbst nichts anderes sein kann als Sein, das durch sich selbst Bestand hat (ipsum esse subsistens).

Die Metaphysik stellt aus der Perspektive des Thomas eine doppelgestaltige Disziplin dar: Einerseits ist sie das höchste Wissen, denn ihre Gründe sind so etwas wie letzte Begründungen. Andererseits sind diese Gründe doch nur für den sprechend, der sich auch anderes Wissen bereits erworben hat. Mehrfach stellt Thomas in Übereinstimmung mit der Tradition[29] die Erkenntnis der höchsten Gründe an die letzte Stelle derjenigen Erkenntnisse, die der Mensch zu gewinnen vermag. (In De causis I, 1 [6 f.]) Eine andere Anordnung wäre nach Thomas der menschlichen Vernunft nicht angemessen. Wenn man die Metaphysik zu einer ersten, auch für uns ersten Wissenschaft machte, so beruhte dies für Thomas auf der Illusion, sie könne ihre eigene Vorbereitung überspringen oder vollständig abarbeiten. Es widerspräche auch der Erfahrung, daß menschliches Wissen seinen Ausgang in der Wahrnehmung nimmt. Diese Rangfolge erklärt aber zum Beispiel, daß in der Metaphysik vorrangig negative Prädikate Verwendung finden (worauf noch zurückzukommen sein wird). Die Form von Metaphysik, die sich als eine auch für uns erste Wissenschaft präsentiert, könnte sich selbst also gar nicht interpretieren; sie wüßte etwa nicht, welche Bewandtnis es mit ihren negativen Prädikaten hat. In dieser Stellung liegt einer der Hauptunterschiede zwischen der Thomasischen Metaphysik und der Cartesischen Ersten Philosophie. Gleichwohl bleibt es richtig, daß die Metaphysik das thematisiert, was wir im Denken, Argumentieren stets voraussetzen. So wird erst am Ende ausdrücklich reflektiert, was dem Anfang bereits zugrunde liegt. Metaphysik ist dabei dennoch nicht ein »Abschlußgedanke« im schwachen Sinne, sondern wirkliches Wissen. Ihre Aussagen sind wahrheitsfähig, mehr oder weniger gut begründet oder eben auch unvermeidlich oder unmöglich richtig.

Der Begriff des Seins

Nun ist offensichtlich, daß in dieser Darlegung des Begriffes von Metaphysik selbst bereits Metaphysik getrieben werden muß. Aber das sagt Thomas ja auch selbst, wenn er für deren Explikation den Begriff des Seienden in Anspruch nimmt. Woraus nun ergibt sich das Bedürfnis, aber auch schon die Möglichkeit, von »Sein« zu reden?

Der wohl elementarste Einwand gegen eine philosophische Metaphysik, die nicht bloß eine Art Weltanschauung ist, betrifft genau dieses Problem: Erliegt die Metaphysik dem Spiel der Sprache, da schlechterdings alles an die Subjektstelle gerückt werden kann, so daß die Fiktion entsteht, man würde von etwas reden? Bertrand Russell und (der von ihm herabgesetzte) Henri Bergson haben in der Aristotelischen Unterscheidung von Substanz und Akzidens nichts als eine Hypostasierung der Satzstruktur gesehen. Heidegger war hier noch etwas raffinierter, wenn er diese Satzstruktur selbst als auf einer bestimmten Deutung durch die Grammatik beruhend angesehen hat, in der wiederum bereits eine bestimmte Metaphysik wirksam ist.

Die Frage muß also eine doppelte sein: Wie ergibt sich der Begriff »seiend«? Und: Wie also kann man nach Thomas von »seiend« sinnvollerweise reden?

Die Metaphysik redet vom Sein. Dies muß sie schon, wenn sie ihr eigenes Themenfeld zu umschreiben hat. Während die Physik von den Dingen redet, insofern sie beweglich sind, die Mathematik, insofern sie quantifizierbar sind, wendet sich die Metaphysik ihnen zu, insofern sie überhaupt seiende sind. Wie ist das möglich? Genauer gefragt: In welchem Sinne läßt sich vom Sein reden? Dadurch, daß wir, wenn wir – in der Metaphysik – über das Sein reden, auch von Dingen etwas aussagen, geht die Rede der Metaphysik in eine Form ein, mit der die Rede von Dingen gleichwohl nicht in jeder Hinsicht vergleichbar ist.

Wenn ich von meinem Schreibtisch rede oder ganz allgemein davon, wie man Schreibtische etwa im Verhältnis zum Lichteinfall stellen sollte, dann rede ich von Dingen, die es gibt. Wenn ich von der Unterscheidung von Atomkern und Elektronen rede, dann rede ich nicht von Dingen, die es gibt. Ich mache mir von der Wirklichkeit ein Modell. Das Modell »bezieht sich« jedoch irgendwie auf die Wirklichkeit. Wenn ich direkt von Dingen rede oder von Modellen, die sich auf die Wirklichkeit beziehen, dann kann ich diese Redeweise nicht unkritisch weiterverwenden, wenn ich vom Sein rede. Denn »Sein« ist weder etwas, was es gibt, noch ein Modell für das, was es gibt.

Die mittelalterliche Metaphysik ist nicht ausschließlich, aber doch im wesentlichen eine Metaphysik des Seins. Thomas hat erstmals intensiv untersucht, wie man sinnvoll vom Sein reden kann. Er beginnt nicht damit, dem Sein Bestimmungen zu geben, sondern mit der methodischen Frage, wie überhaupt vom Sein zu reden ist. Diese Frage läßt sich nur auf zweifache Weise beantworten: einmal hinsichtlich der allgemeinen Form der Rede, zum anderen hinsichtlich möglicher Analogien. Sein wird zunächst sprachlich genommen. In der Erfahrung der Wirklichkeit begegnet uns nicht »das Sein«, sondern zunächst dieses oder jenes. Für Thomas ist Sein kein bloßer Begriff, er kennt weder eine »Seinserfahrung« noch eine Intuition des Seins, von der man im 20. Jahrhundert, teilweise mit Berufung auf ihn (Maritain), mitunter gesprochen hat. In der Sprache jedoch kommt Sein vor: als Wort. Was es meint, können wir nicht durch Verweis auf einen Gegenstand, ein Ereignis, einen gesetzlichen Zusammenhang etc. bestimmen. Was ist dann Sein? Thomas sagt mit Boethius, daß das Sein selbst gar nicht ist. Die Dinge und ihre Bestimmungen sind, nicht aber das Sein. (Sth. I, 4, 1 ad 3; Qdl. IX, 2, 2, u.ö.)

Das Wort »seiend« ist keines unserer Alltagssprache; es kann also kein vorgängiges Verständnis aus dem Prozeß des Spracherwerbs vorausgesetzt werden. Es weist jedoch eine Partizipform auf, wie sie bei allen Verben möglich ist. Die Untersuchung der sprachlichen Form gibt Thomas die Möglichkeit, dieses aus der Perspektive der Alltagssprache merkwürdige und fremdartige Wort in Analogie zu anderen Wörtern zu setzen, die auf dieselbe Art gebildet werden. Die Wort*form* bringt nun eine bestimmte Bezeichnungsweise mit sich: Das Wort »ens«, seiend, bezeichnet etwas Konkretes, wie auch »das Laufende« eine eigenständige Wirklichkeit meint. Mit der Unterscheidung von abstrakten und konkreten Bezeichnungsweisen hat Thomas eine sprachliche Hinsicht gewonnen, die noch über den Unterschied von Substanz und Akzidens, ja sogar von Sein und Form hinausgeht. (Vgl. In De hebd. II [22-23])

Thomas konstatiert zunächst ebenfalls, daß dieses Wort eine sehr unbestimmte Bedeutung hat. Die Bestimmung kann also nicht aus dem allgemeinen Gebrauch entnommen werden. Dort kommt das Wort zwar vor, aber in mehrdeutiger Weise. Die Unterscheidung, die Thomas hier trifft, ist deshalb von so weitreichender Bedeutung, weil die Metaphysik zwar vom Sein redet, dieses Sprechen sich jedoch nicht – wie in anderen Disziplinen ohne weiteres, d.h. ohne weitere Klärung und Präzisierung – auf eine Wirklichkeit bezieht. Denn selbst, wenn dem so wäre: Was es heißt, wirklich zu sein, soll ja mit dem Nachdenken, das sich an diesem Wort »sein« entzündet, erst geklärt werden. Ohne Rede vom Sein keine Metaphysik, aber ohne Reflexion auf die Redeweise eine blanke Hypostasierung des Seins. Das Hypostasierungsverbot ergibt sich an dieser Stelle allerdings nicht aus den speziellen Bedingungen des Hilfszeitwortes »ist«, »sein«, sondern aus seiner Form. Thomas begründet es mit der Form (!) des Infinitivs und kann es daher mit einem x-beliebigen anderen Infinitiv, zum Beispiel »laufen«, vergleichsweise auf eine Stufe stellen.

Thomas geht also zwar aus von der Struktur des Satzes: S – P. Etwas wird von etwas ausgesagt. Doch zeigt die Analyse des Thomas nicht nur, daß er diesen Ausgang bewußt nimmt – also durchaus reflektiert, welche Bedeutung die Sprache für die Metaphysik hat –, sondern auch, daß er die Sprache nicht naiv für ein Modell der Wirklichkeit hält. Dies ließe sich auch an anderen Beispielen zeigen.

Die formale Struktur des Satzes ist also folgendermaßen wiederzugeben: Etwas wird durch etwas bestimmt. Aber das, was Thomas mit dem Wort »esse« meint, oder näher am Text: diejenige Bedeutung, von der Thomas behauptet, daß sie das »esse« habe, läßt sich gerade nicht vollständig in die Sprache der Bestimmung übersetzen. Dies liegt zwar sprachlich gesehen nahe, denn es ist wie beliebig anderes etwas, von dem man reden kann. Doch entgeht Thomas dieser Suggestion der Sprache.

Thomas von Aquin nimmt in der Tat die formale Struktur des Satzes zum Ausgangspunkt seiner Ontologie. Aber er entnimmt daraus nicht, welche Bedeutung(en) Sein hat, noch gar, wie sie sich zueinander verhalten. Oder doch? Das Satzsubjekt wird verstanden als das, was den Eigenschaften zugrunde liegt (subiectum). Aber gerade weil dem so ist, kann das Sein zwar – wie alles, wovon wir überhaupt reden können – zum Satzgegenstand gemacht werden, nicht jedoch kann von »sein« gesagt werden, daß es ist. Auch das ist noch eine generelle Bedingung, denn auch das Laufen läuft nicht, sondern etwa Lebewesen.

Die beiden Wörter »allgemein« und »abstrakt«, die in der landläufigen Verwendung weitgehend synonym gebraucht werden, sind beim Verstehen der scholastischen Terminologie ganz irreführend. Wenn wir von etwas sagen, daß es ein Seiendes ist, dann sagen wir in der Sprache des Thomas zwar etwas Allgemeines (hingegen etwas Besonderes, wenn wir sagen, dies ist ein Komet), aber nicht etwas »Abstraktes«. Das Wort »abstrakt« betrifft nicht den Allgemeinheitsgrad der Bedeutung, sondern vielmehr die Wortform. Dies wird an den von Thomas gegebenen Beispielen auch ersichtlich: sein – laufen – Weißsein (esse, currere, albedo); konkret hingegen ist die Bezeichnungsweise in: das Seiende, das Laufende, das Weiße (ens, currens, album). (In De Hebd. II [22])

Dieses Verhältnis von »ens« und »esse« besagt jedoch nichts darüber, welche Bedeutung sich von welcher ableitet. Thomas sagt immer wieder: »›seiend‹ wird vom Sein selbst her bezeichnet«; »›seiend‹ wird vom Sein selbst her beigelegt (ens quod imponitur ab ipso esse)« (In Met. IV, 2 [558]); der »Begriff des Seienden wird vom Akt des Seins genommen, nicht von dem, welchem der Akt des Seins zukommt« (De ver. 1, 1 ad 3 s. c.). »›Sein‹ bezeichnet einen Akt: etwas wird nicht deshalb, weil es in Potenz, sondern weil es im Akt ist, seiend genannt.« (ScG I, 22 [208])[30]

In diesen unscheinbaren Sätzen liegt diejenige grundsätzliche Neuorientierung, die Thomas innerhalb der Metaphysikgeschichte denkerisch zustande gebracht hat. Der Tonfall scholastischer Texte läßt jedoch dergleichen nicht vermuten. Alle sprechen in der Metaphysik des Mittelalters die Sprache der antiken (und arabischen) Metaphysik. Und da der Magister sich als Vermittler von Wissen, nicht als Theoretiker versteht, sind Selbstinterpretationen, auch nur die Hervorhebung einer persönlichen Sicht extrem selten. Im Zusammenhang mit einem bestimmten Konzept von einer Wahrheitstradition hat dies dann in der Rezeptionsgeschichte dazu geführt, die Originalität im Neuansatz des Thomas gänzlich zu verkennen. Zu gerne hat man seine denkerischen Qualitäten nur in der Kraft zur ausgleichenden Synthese gesehen.

Zurück zur Sachfrage. Thomas sagt, »Sein« begegnet unmittelbar und zunächst im Satz. Schon Aristoteles hat es dort aufgesucht und einerseits – gegen Parmenides und Platon – gesagt, daß es »vielfältig ausgesagt« werde, zum anderen aber, rein für sich genommen, »nichts bedeute«. Denn einfach »friert« zu sagen bedeutet allenfalls sekundär etwas, indem man sich irgend etwas dazudenkt, von dem dies gesagt werden kann. Aber im Falle des »ist« gilt dies um so mehr.

Im Kapitel über das Verbum sagt Aristoteles in seiner kleinen Abhandlung *Peri hermeneias:* »Auch das Wort ›seiend‹ ist dies [nämlich ein Zeichen für das Sein oder Nichtsein der Sache] nicht, wenn man es für sich allein ausspricht; denn für sich selbst ist es nichts, sondern bedeutet (lediglich) eine gewisse Verbindung mit hinzu, die sich ohne das, was jeweils miteinander verbunden wird, nicht verstehen läßt.«[31] Als Thomas 1271 einen Kommentar zu dieser Schrift verfaßt, wendet er offenkundig gerade an dieser Stelle eine besonders große exegetische Mühe auf. (In Peri hermeneias I, 5 [70-73]; ed. Leon. I, 1*, 30 f.)[32]

Zunächst macht Thomas eine korrigierende Bemerkung zur lateinischen Übersetzung. Dann zeigt er den gedanklichen Zusammenhang: Aristoteles will sagen, daß Verben für sich genommen über Sein und Nichtsein eines Sachverhaltes nichts aussagen. Die Begründung hierfür entnimmt er einem Grenzfall: Da dies sogar für das Wort »sein« gilt, das eben für sich nichts besagt, gilt dies a fortiori für alle anderen Aussagewörter auch. Aber warum sagt eigentlich »sein« nichts? Thomas diskutiert nicht weniger als drei verschiedene Deutungsvorschläge, um schließlich selbst eine neue Deutung vorzuschlagen. Der neben Simplicius wohl bedeutendste griechische Aristoteles-

Kommentator, Alexander von Aphrodisias, dessen Deutung Thomas über Boethius vermittelt kennt, begründet es damit, daß »seiend« ein äquivoker Begriff ist, der erst einer Hinzufügung bedarf, um eine bestimmte Bedeutung zu haben. Thomas: Erstens ist »seiend« nicht einfach mehrdeutig, sondern hat eine primäre und eine sekundäre Bedeutung, so daß man zunächst die primäre Bedeutung mit diesem Wort verbinden wird, aber nicht überhaupt keine; zweitens bedeuten äquivoke Begriffe nicht einfach nichts, sondern eben vieles. Alexanders Interpretation macht also den Text nicht verständlich.

Der Plotin-Schüler Porphyrius schlägt vor: Das Aussagewort bezeichnet nicht die Natur einer Sache, wie es die Wörter »Mensch« oder »weise« tun, sondern eine Zusammensetzung. Auch dies findet Thomas nicht einleuchtend: Wenn »seiend« über die Zusammensetzung hinaus (was man seit Abaelard Kopula nennt) nicht auch eine Natur bezeichnete, könnte es niemals als Nomen auftreten.

Ammonius, ebenfalls Verfasser umfänglicher Aristoteles-Kommentare, deutet Aristoteles' Aussage in dem Sinne, daß darin nicht Wahr- oder Falschsein behauptet wird. Dies aber hat es, so das Bedenken des Thomas, ja mit allen Nomen und Verben gemeinsam, Aristoteles will jedoch hier etwas ganz Spezifisches geltend machen.

»Damit wir genauer den Worten des Aristoteles folgen«, so leitet Thomas seine eigene Deutung ein, mit der er also ausdrücklich beansprucht, näher am Text zu sein, als es die referierten vermögen. Die Bedeutungsfreiheit liege an der Kopulafunktion, denn die Zusammensetzung – durch die etwas ein Satz wird – kann ohne ihre Komponenten nicht verstanden werden. Allerdings wird diese Zusammensetzung ja nur *mit*bedeutet. »Seiend« meint daher in erster Linie das, was in den Verstand »fällt« in der Weise der Aktualität. Denn für sich genommen besagt »ist«: im Akt sein. Das Wort »ist« kann nur dann als Beispiel dafür genommen werden, daß Verben zwar ebenfalls eine Bedeutung haben, zugleich aber auch noch die Zeit »mitbedeuten«, wenn es auch seinerseits als Verbum verstanden wird. Dies geht aber aus der bloßen Kopulafunktion als solcher gar nicht hervor. Thomas gibt Aristoteles recht darin, daß das Wort »ist« nicht bedeutet, daß etwas ist. Aber es bedeutet doch das Sein (»licet significet esse«). Das *Mit*bedeuten der Zusammensetzung nimmt Thomas als eine sekundäre Funktion, der eine bestimmte Bedeutung zugrunde liegt, aus der sie folgt und von der her sie auch erst verständlich wird. Wenn Sein zuerst »actualitas« ganz für sich genommen meint, dann wird daraus ersichtlich, warum man das Bestehen eines Sachverhaltes oder das Zukommen einer Bestimmung mit »sein« ausdrückt. Denn Sein ist jeweils die »Aktualität«, das Verwirklichungsprinzip jeder Form. »Actualitas« – dies klingt nun, als sei das Sein doch auch wiederum eine Form. Wie Thomas das Verhältnis von Sein und Form genau denkt, muß daher in einem eigenen Abschnitt kurz erörtert werden.

Sein und Form

Was heißt es, »im Akt zu sein«? Um ein angemessenes Verständnis dieses Gedankens zu erreichen, ist es zuerst erforderlich, den wohl naheliegendsten Zugang zu problematisieren. Vielleicht wird man sagen, ich kann etwas in immer allgemeinerer Weise betrachten. Immer dieselbe Wirklichkeit meinend, kann ich sagen: Dies ist mein Pferd; es ist ein Pferd; es ist ein Lebewesen; es ist Materie ...; es ist ein Seiendes. Immer unspezifischer werdend, sage ich am Ende, dann wenn ich nur noch vom Seienden rede, eigentlich nichts mehr. Hegel und Nietzsche haben dies aus je anderen Gründen gesagt, und Heidegger und die analytische Philosophie sind mit ihnen aus je anderer Perspektive darin übereingekommen. In diesem Verfahren ist aber bereits vorausgesetzt, daß es sich im Falle von »Sein« um einen Begriff handelt, nur eben um einen, der die unübersteigbare Allgemeinheit seiner Referenz mit der Inhaltslosigkeit seines Inhalts erkauft. Für Thomas ist dieser Zugang problematisch geworden. Sein hat zunächst seinen Ort in der Aussage. Indem etwas in der Aussage bestimmt wird, wird diesem eine bestimmte Weise zu sein zugeschrieben. Außerdem kann ich ja von jedem Inhalt denken, daß er nur meine Fiktion ist. Der Inhalt als solcher ist indifferent gegenüber seinem Fiktiv- oder Realsein. Das Sein kann also nicht noch einmal ein weiterer Inhalt sein. Was man mit »wirklich« meint, ist daher kein weiterer, nur eben unbestimmter Inhalt. Das hat Thomas klar gesehen. Dies meint er zunächst negativ mit dem Ausdruck »actus«. Sein griechisches Pendant (ἐνέργεια) ist von Aristoteles in die philosophische Diskussion eingebracht worden. Vor diesem Hintergrund ist leicht klarzumachen, daß »actus« kein Zustand, keine Setzung, keine Faktizität ist. Das In-Akt-Sein ist kein sozusagen anderer Aggregatzustand eines Wesens, dessen Alternative es wäre, bloß in Potenz zu sein. Das Wirklichsein läßt sich nicht als Zustand von etwas verstehen. Dieses Etwas müßte entweder selbst schon irgendwie sein, dann aber wäre Sein kein davon unterschiedener Zustand, oder es ist völlig nichtig, dann aber wäre es kein Etwas, das von anderen Inhalten unterscheidbar wäre.

Wie läßt sich nun das Wort »seiend« bestimmen? Keine Hilfe ist für dieses Problem der Gedanke, den Thomas von Avicenna übernommen hat: »ens« sei dasjenige, was insofern zuerst erfaßt werde, als es in aller anderen Erkenntnis enthalten ist. (Sth. I, 94, 2; De ver. 1, 1; 21, 1; De virt. in comm., 2 ad 8; In Met. IV, 6 [605] – zurückgehend auf Avicenna, Met. 1, 5; ed. Van Riet 31 sq.) Dieser Satz hält nur die Allgemeinheit und Elementarität des »ens« fest, enthält aber keinen Schlüssel für eine ontologische Explikation. Immerhin verhindert er diese auch nicht, wie Heidegger in *Sein und Zeit* gemeint hat.[33] Thomas stellt dies an den Anfang (!) seines Opusculums *De ente et essentia*, um damit seine einsetzenden Analysen gerade zu motivieren. (De ente, prol.; ed. Leon. XLIII, 369)

Was mit »actus essendi«, dem Vollzug des Seins, gemeint ist, läßt sich nur durch den Hinweis auf sein Gegenstück, die Potenz, explizieren. Dieser Gegensatz aber ist auf keinen noch grundsätzlicheren zurückzuführen, aus dem er dann verständlich zu machen wäre. Es bleibt daher nur der Ausweg, dieses Verhältnis an prägnanten Beispielen zu erläutern. Wenn jemand ein Handwerk oder eine Kunst lernt, verfügt er über eine bestimmte Fähigkeit. Etwas Bestimmtes zu können ist eine Disposition, die den Könner unterscheidet von jemandem, der allenfalls das Talent dazu hat. Jener hat sein Talent bereits realisiert, »aktualisiert«. Nochmals wird dieser Gegensatz zugrunde gelegt, wenn man den Unterschied zwischen dem kennzeichnen will, daß jemand etwas ausführen kann, und dem Umstand, daß er es wirklich tut. In beiden Fällen wird ein Vollzug gegen eine bloße Disposition bezeichnet.

Nun könnte dies immer noch als vollständig aristotelisch angesehen werden. Mit dem genannten Beispiel macht Aristoteles (Met. IX) denn auch den Unterschied von Möglichkeit (dynamis) und Wirklichkeit (energeia) deutlich. Doch tritt bei Thomas der Akt des Seins seinerseits der Form gegenüber. An unzähligen Stellen sagt er zwar, daß die Form einer Sache das Sein verleiht.[34] Aber die Form für sich genommen ist noch nicht das, was wir mit Wirklichsein meinen. Sie verhält sich bloß der Möglichkeit nach zum Sein. Die Behauptung von der transformatorischen Kraft der Thomasischen Metaphysik bezieht sich insbesondere auf diesen Gedanken. Mit ihm geht Thomas einen grundsätzlichen Schritt über Aristoteles hinaus. Hierfür gibt es unbestreitbare theologische Motive, aber keine theologischen Prämissen. Dafür, daß sich die Form selbst noch einmal zum Akt des Seins potentiell verhält, findet sich in der Metaphysik des Aristoteles keine Entsprechung. Das Eidos, die Form ist für ihn der exklusive Aktuierungsfaktor im Konkreten. Es ist klar, daß Thomas' Auffassung sich damit auch vom Verständnis des Seins im Neuplatonismus grundsätzlich unterscheidet. Wenn auch die Zuordnung des Thomas in die Tradition des Aristotelismus seit geraumer Zeit korrigiert ist – ihn zu einer Variante des Platonismus zu machen scheitert bereits an dieser seiner Analyse des Seins. Nicht von ungefähr kommen daher entsprechend ausgerichtete Deutungen nicht umhin, Thomas immer wieder der Inkonsistenz zu zeihen. Die Originalität seiner Metaphysik liegt darin, Sein weder wie die Platoniker als separate und höchste Form noch wie Aristoteles als einzig in der Form bestehend zu denken. Dies ist der denkgeschichtlich angemessene Sinn dessen, was Étienne Gilson den »Existentialismus«, »die Philosophie der Existenz« des Thomas von Aquin genannt hat.[35]

In diese Richtung haben schon Ideen gewiesen, die im nichtlateinischen Kulturraum entwickelt worden waren. Schon Avicenna hatte gefragt, ob denn eigentlich das Existieren zur Definition eines endlichen Dinges gehören könne. Wenn dies der Fall wäre, könnte man ein solchermaßen definiertes Ding nicht mehr als kontingent ansehen; es existierte notwendigerweise, wenn es doch zu seiner Definition (!) gehörte, zu existieren.

Thomas stößt auf diese Frage, wie sich denn das Sein zum Wesen einer Sache verhalte, in der Engellehre. Seine These von der Unterschiedenheit beider betrifft zwar alle endlichen Dinge, doch läßt sie sich an den immateriellen Wesen leichter einsichtig machen. Auch reine Geistwesen sind geschaffene Wesen. Was aber ist der Charakter, an dem dieses Geschaffensein festzumachen ist? Die gesamte Tradition hat dies, ganz formal gesprochen, in einer dualen Struktur fundiert. Denn nur was schlechthin einfach ist, kann nicht geschaffen sein, weil es einer Ursache gar nicht bedürftig ist. Die entscheidende Frage lag also auf einer konkreteren Ebene: Von welcher Art ist diese Dualität? Die Franziskanertradition hat auch bei den Geistwesen von der Dualität von Form und Materie gesprochen. Aus einer schematisierenden Perspektive könnte man sagen, dies lag immer noch in der Nähe des Aristoteles; es ist einfach die konsequente Anwendung der hylemorphistischen Metaphysik. Thomas ist damit nicht einverstanden: Die Rede von Materie bei reinen Geistwesen ist nur um den Preis einer Äquivokation in diesem Begriff der Materie aufrechtzuerhalten. Den Ausdruck »materia spiritualis« hält Thomas daher für einen offensichtlichen Widerspruch, der aus einem allzu willkürlichen Umgang mit der Sprache der Philosophie resultiert. Etwas ungeduldig bemerkt er einmal: »Es braucht nicht zu kümmern, wenn jemand unter dem Wort ›Materie‹ einen Akt versteht; denn nichts hindert, daß jemand das, was wir Akt nennen, Materie nennt; wie auch jemand das, was wir einen Stein nennen, Esel nennen kann.« (De spir. creat. 9 ad 9) Die Überwindung dieser hylemorphistisch gefaßten Dualität dort, wo sie wegen der Intellektualität der betreffenden Entität keinen Sinn geben kann, erbringt Thomas mit Hilfe derjenigen Gedanken, die oben bereits eingeführt worden sind. Man kann durchaus die reinen Geistwesen als reine Formen denken, da dies eben gerade nicht einschließt, daß es sich um reine, also einfache Wirklichkeiten handelt. Die Form verhält sich nämlich ihrerseits noch potentiell zu dem Prinzip des Seins; sie kann nicht durch sich schon real sein.

Aber ist dies nicht wiederum ein offenkundiger Widerspruch, die Form zugleich zum Bestimmenden und zum Bestimmten zu machen? Der Widerspruch besteht in den Augen des Thomas deshalb nicht, weil der Bezugspunkt jeweils ein anderer ist. Form und Materie, Akt und Potenz etc. sind ja ohnehin nicht Dinge, die »es gibt«. Es handelt sich um Prinzipien, die als solche relationalen, weil komplementären Charakter haben. Nicht mehr Form und Materie, sondern Akt und Potenz sind also diejenigen Bedeutungen, in die das Seiende überhaupt differenziert ist. Jene haben nur eine regionale Bedeutung, eingeschränkt auf die natürlichen Substanzen.

Damit verlängert Thomas die Aristotelische Analyse von Veränderung und Werden um einen entscheidenden Schritt: Die periphere Veränderung eines Dinges setzt nach Aristoteles den Unterschied von Substanz und Akzidens voraus; denn man kann nur sinnvoll von Veränderung reden, wenn es ein mit sich identisch bleibendes Substrat gibt, an dem sich die Veränderung vollzieht, das also unterschieden ist von dem, was sich verändert. Auch Werden und Vergehen lassen sich auf analoge Weise verstehen: Werden ist eine Formung, Vergehen eine Entformung. Die Form jedoch bedarf einer Manifestationsbasis, die Struktur setzt etwas voraus, was strukturierbar ist. Diese Strukturierbarkeit meint der Aristotelische Begriff der »Materie«.

Aber auch in der Form selbst liegt noch keine Existenznotwendigkeit. Diese Nichtnotwendigkeit denkt Thomas als Nichtidentität von Sein und Wesen. Das Wesen wird bei den geistigen Substanzen ausschließlich durch die Form konstituiert, bei den natürlichen jedoch auch durch die Materie. Darauf kommt es Thomas schon in seiner Frühzeit an; denn anderenfalls würden, so sein Argument, die natürlichen Entitäten von mathematischen ununterscheidbar. (De ente, 2) Aus jener oben »Verlängerung« genannten Transformation der Aristotelischen Metaphysik ergibt sich, daß die Endlichkeit nicht mehr als die Dualität von Form und Materie (Hylemorphismus) gedacht wird; dies kann nur für Wesen gelten, die wirklich Materie enthalten. Das eigentlich universelle Prinzipienpaar ist jetzt das von Akt und Potenz. (In Met. IX, 1 [1770]; Sth. I, 77, 1) Das heißt: Es gibt nichts Endliches, in dem sich nicht ein Moment als bloße Bestimmbarkeit im Verhältnis zu einem aktuierenden Prinzip verhielte. Somit ist einerseits die Komplementarität, die im Hylemorphismus gedacht ist, gewahrt, zum anderen aber für den den Gegensatz von Form und Materie umgreifenden Gedanken eine Analogie gewonnen. Diese Komplementarität gilt dabei aber wie für alle symmetrischen Relationen nur für die begriffliche Bestimmung. Von sich her geht der Akt der Potenz voraus, da man immer schon eine Wirklichkeit denken muß, die sich zu etwas in Möglichkeit verhält oder die eine bloße Möglichkeit realisiert. Erst mit der rationalistischen Tradition, die mit Johannes Duns Scotus beginnt, setzt sich der Primat der Möglichkeit vor der Wirklichkeit durch.

Thomas greift zwar den Aristotelischen Gedanken auf und bestätigt ohne jede Einschränkung, daß das eigentlich Wirkliche die konkrete Substanz ist, doch unterliegt sein Substanzbegriff weit schärferen Kontingenzbedingungen: Form und Materie sind nicht mehr wie bei Aristoteles die ewigen Prinzipien des Werdens und selbst ungeworden. Sie können zwar in der Tat nicht als geworden gedacht werden, sollen sie jene Erklärungsfunktion nicht verlieren, sie müssen dagegen als geschaffen gedacht werden. Alles, was nicht Gott ist, ist von ihm geschaffen. (ScG 4, 15 [922]; De aeternitate mundi; ed. Leon. XLIII, 85) Dadurch aber erhält auch die Form noch das Moment der Potentialität – nämlich im Verhältnis zum Sein. Sein ist im Verständnis des Thomas das auch noch die jeweilige Form selbst aktuierende Prinzip: »actus essendi«.

Die spekulative Kraft der Thomasischen Metaphysik zeigt sich nicht nur in dieser Transformation, sondern auch in dem Gedanken, daß endliche Selbständigkeit und göttliche Souveränität nicht in einem direkten Verhältnis zueinander stehen. Wäre dies so, dann müßte die »Autonomie« des Endlichen die Universalität der göttlichen Bestimmungsmacht entweder beeinträchtigen oder zur Redundanz verurteilen. Dies aber setzte voraus, daß das göttliche Sein schon strukturell verendlicht worden ist – auch wenn explizit anderes gesagt würde –, denn nur dann wäre eine wechselseitige Beschneidung der Souveränität möglich. Für Thomas nun manifestiert sich die göttliche Souveränität gerade darin, daß sie endliches, aber substantielles Seiendes sein lassen kann. Denn eben darin wird die göttliche Souveränität um so manifester. Die endlichen Substanzen sind Gott darin ähnlich, daß sie seine »Selbständigkeit« auf ihre Weise abbilden. Welche Folgen dieser Gedanke hat, wird sich insbesondere in der Erkenntnistheorie und der Ethik zeigen.

Dieses Konzept erlaubt, einen Grundbegriff des Platonismus – Teilhabe – wieder einzuführen, den Aristoteles nur für ein leeres Wort gehalten hat. Daß dies so wenig eine bloße Adaption von Platonismus wie das Aufgreifen der Substanzanalyse eine des Aristotelismus ist, wird daran deutlich, daß die Gründe des Thomas solche sind, die Platon niemals hätte haben können. Thomas versteht nämlich das Sein selbst (ipsum esse) als unendlich. (ScG I, 43 [363]) Es kann auf unendlich viele Weisen sich realisieren. Alle Arten von Lebewesen, überhaupt alle Wesen sind spezifische Weisen zu sein. Da also kein Ding das erschöpft, was Sein heißt, nimmt jedes einzelne nur Teil am Reichtum des Seins. Dazu bedarf es aber eines Koprinzips, denn von sich her kann das Sein nicht als endlich gedacht werden. Dieses Koprinzip ist das Wesen, dasjenige also, was etwas ist. Dies verhält sich zum Sein wie die Materie zur Form, d.h. wie Potenz zum Akt. Das limitierende Prinzip ist also bloße Möglichkeit, die durch den Akt realisiert wird. Das heißt aber nicht, daß das Wesen als widerspruchsfreie Kombination von Merkmalen schon ein Sein hätte, ein potentielles Sein oder ein sog. Wesenssein (esse essentiae). Ein solches schließt Thomas kategorisch aus: »Indem er Sein verleiht, bringt er gleichzeitig das hervor, was das Sein aufnimmt.« (De pot. 3, 1 ad 17) Das Seiende ist also das, was in endlicher Weise am Sein teilhat. (In De causis, 7) Da dieser Akt dasjenige ist, ohne das das Konkrete weder existierte noch Bestimmungen hätte, kann Thomas sagen, daß das Sein für jedes Ding zugleich das Innerste (intimum cuilibet) ist. (Sth. I, 8, 1; De an. 9) Darüber hinaus bietet dieses Konzept die Möglichkeit, die Ambivalenz des Aristotelischen Metaphysikbegriffes aufzulösen: Metaphysik ist jetzt zugleich eine allgemeine Wissenschaft vom »ens inquantum ens« wie auch Wissenschaft von der höchsten Wirklichkeit: denn der »actus essendi« bedarf eines Grundes. Da alle endlichen Dinge in dieser Hinsicht »begründungsbedürftig« sind, muß diese Ursache außerhalb der Reihe endlicher Dinge liegen.

Daß sich das Verhältnis von »ens« und »esse« nicht einfach aus der Satzfunktion ergibt, zeigt sich daran, daß Thomas gerade nicht das Verhältnis von Subjekt und Prädikat auf das Verhältnis des Bestimmten zum Bestimmenden formalisiert. Das konkret Bezeichnete ist zugleich dasjenige, das dem Sein eigentlich zukommt. Nicht sagen zu können, daß das Laufen seinerseits läuft, ist nicht die Unmöglichkeit einer Stilblüte, sondern einer Sinnlosigkeit. Was auch immer läuft, jedenfalls doch nicht das Laufen selbst. Und in Analogie dazu: Was auch immer ist, jedenfalls doch nicht das Sein selbst. Die Sprache der Metaphysik ist keine Sondersprache, sondern hat die Möglichkeiten der normalen Sprache zu berücksichtigen; dies gilt schon für die

Terminologie, es gilt aber auch für die Ausdrucksweise. (ScG I, 1 [2]; De ver. 4, 2; 17, 1)

Eine leise Akzentverschiebung läßt sich jedoch zwischen den als Parallelfälle eingeführten Beispielen Laufen und Sein bemerken: Vom Laufenden als dem Subjekt des Laufens sagt Thomas, daß es dem Laufen »unterliegt und an ihm teilhat«, vom Seienden hingegen sagt er nur, daß es am Sein teilhat. Zugleich wird das, woran das Seiende teilhat, sogar noch genauer und über den Boethius-Text hinausgehend bestimmt: als »actus essendi«.

Boethius hat nun auch von einer »essendi forma« gesprochen. Der Leser erfährt an dieser Stelle jedoch nicht, inwiefern das Sein selbst eine Form ist oder auch nur sein kann. Thomas nimmt aber seine Auslegung des partizipierten Seins als Akt hier sogleich wieder auf: Die Form des Seins aufzunehmen heißt, den Akt des Seins aufzunehmen.

Das Sein ist also als Akt bestimmt. Auch wenn Thomas verschiedentlich das Sein mit der Form vergleicht, so setzt er es doch nicht damit in eins. Das Sein ist keine Form, wohl aber zumindest in der Hinsicht mit dieser vergleichbar, als durch das Sein erstens etwas, nämlich eine mögliche Wesenheit, zur Wirklichkeit bestimmt wird. Auch die Form ist bestimmend, doch so, daß sie eine inhaltliche Bestimmung vermittelt. Das Sein ist zweitens auch darin mit der Form vergleichbar, daß beide nicht das sind, was eigentlich ist. Diesen Gedanken des Aristoteles hat Thomas nicht im geringsten relativiert. Das Sein ist dasjenige, *wodurch* etwas ist, nicht das, was ist: »Das Sein wird wie das Formartige [›formale‹] und das Aufgenommene betrachtet, nicht jedoch wie dasjenige, dem das Sein zukommt.« (Sth. I, 4, 1 ad 3; Qdl. IX, 2, 2; In De hebd. 2 [24]; ScG II, 15 [923]; In De div. nom. VIII, 1 [751]) Da aber die Form noch keinen Grund dafür enthält, Wirklichkeit hervorzubringen, bedarf sie eines eigenen Aktprinzips; dieses nennt Thomas den »actus essendi«:

»Das, was ich ›Sein‹ nenne, ist das Vollkommenste von allem; dies erhellt daraus, daß die Wirklichkeit stets vollkommener als die Möglichkeit ist. Jegliche bestimmte Form wird nur dadurch als in Wirklichkeit erkannt, daß Sein gesetzt wird. Denn das Menschsein oder das Feuersein kann als der Möglichkeit nach in der Materie befindlich oder als in der Kraft eines Wirkenden verstanden werden, oder auch als im Verstand befindlich. Dasjenige aber, das Sein hat, wird erst erwirkt, um in Wirklichkeit zu existieren. Daraus wird deutlich, daß das, was ich Sein nenne, die Wirklichkeit alles Wirklichen und deswegen die Vollkommenheit alles Vollkommenen ist.« (De pot. 7, 2 ad 9)[36]

Transzendentalien

Wir sagten schon, daß mit dem Wort »seiend« der unübersteigbar allgemeine Horizont dessen aufgespannt ist, von dem überhaupt gesprochen werden kann. Selbst wenn wir etwas verneinen, verwenden wir das Wörtchen »ist«. (Sth. I, 11, 2 ad 1) Es gehört zu den bekannten Lehrstücken des Thomas, daß es noch andere Begriffe gibt, die zwar dem Sinn nach etwas zu »seiend« hinzufügen, jedoch dieselbe universelle Reichweite haben. Hierzu zählen – ohne daß Thomas dies vollständig deduzieren wollte –: eines, etwas, wahr, gut. (De ver. 1, 1) Diese Begriffe unterscheiden sich dem Sinn, nicht aber der Bedeutung nach.

Man darf das Gewicht der Transzendentalienlehre in der Metaphysik des Thomas nicht überschätzen. Ihr Name ergibt sich daraus, daß »Sein« und die anderen eben genannten Bestimmungen nicht bloß in einer Kategorie, sondern in jeder ausgesagt werden können, die Grenzen einer Kategorie »überschreiten«. Exemplarisch soll der Begriff des Guten herausgegriffen werden; denn gerade das Verständnis seiner Bedeutung hat für den Thomasischen Begriff des Wirklichseins erhebliche Bewandtnis.

Thomas behauptet: Alles, insofern es ist, ist gut. Man hat dies für einen Beleg einer Metaphysik gehalten, die aus schöpfungstheologischen Rücksichtnahmen einen harmonistischen Wirklichkeitsbegriff entwickelt, mit dem zugleich das Böse als unwirklich gesetzt, in jedem Fall aber verharmlost werde. Doch hält Thomas ausdrücklich fest: »Wir sagen ohne Einschränkung, daß es Übel im Kosmos gibt; dies lehrt uns die Erfahrung und zeigt uns die Vernunft.« (Sent. II d. 34, 1, 1; vgl. ScG III, 9 [1933]; Sth. I, 48, 2) Das Übel ist also durchaus etwas, »was es gibt«, aber es hat keine selbständige Wirklichkeit. Vielleicht gibt es keine bessere Gegenprobe für das, was für Thomas »wirklich« heißt, als seine Deutung des Malum.

Natürlich muß dabei berücksichtigt werden, daß die These, das Malum sei eine Beraubung, alt ist. Dieses etwas verstaubt anmutende Wort »Beraubung« meint, daß einer Sache etwas fehlt, was ihr doch gehört – daher die Analogie zum Eigentumsverhältnis. Augustinus hat die Defizienzthese des Bösen dessen Schädigungscharakter entnommen; es ist für Augustinus noch keine an eine bestimmte Lehrschule gebundene Überzeugung, daß die Bösartigkeit des Bösen sich gerade in der Schädigung zeigt, die es anrichtet. Aber davon, daß etwas geschädigt wird, kann man erst dann sprechen, wenn es nicht ohnehin schon vollständig korrupt ist. Thomas hingegen versucht, erstens am Begriff der Wirksamkeit des Seienden einen Vollkommenheitsindex zu gewinnen und zweitens das Sein unmittelbar als etwas Gutes zu interpretieren.

Die Frage am Beginn der kleinen Abhandlung *De ente et essentia*, in welchen Weisen »seiend« ausgesagt wird, beantwortet Thomas mit einer Unterscheidung zweier grundsätzlich verschiedener Formen: »Ens per se«, das Seiende für sich genommen, werde einmal in den Formen der Kategorien ausgesagt, zum anderen »bezeichnet es die Wahrheit der Aussagen« (De ente, 1). Diese zweite Bedeutung bespricht Thomas als erste, da sie dann im weiteren keine nennenswerte Rolle mehr spielt. Das mag verwunderlich sein, weil doch die Wahrheit von Aussagen sich auf das Seiende außerhalb von Aussagen bezieht, dieses aber das Seiende im ersten genannten Sinne der kategorialen Mannigfaltigkeit ist. Wenn man jedoch sagt: »Die Bejahung ist der Verneinung entgegengesetzt«, oder: »Blindheit ist (liegt) im Auge«, so handelt es sich zwar nicht um Sachverhalte in der Natur, gleichwohl aber nicht um falsche Aussagen. Sie setzen im Gegensatz zu den anderen nichts in der Sache (in re). Der Begriff des Wesens (essentia) ist vom kategorial eingeteilten Seienden her genommen. Alles Seiende, etwa logische oder eben auch privative Bestimmungen, ist ein möglicher Gegenstand eines wahren Satzes, der das Bestehen eines Sachverhaltes behauptet: »all das, von dem eine bejahende Aussage formuliert werden kann« (De ente, 1).

Wenn auch der formale Begriff »seiend« im weiteren Verlauf des Textes irrelevant wird, so ist doch gleich für unsere Frage relevant zu wissen, warum dies geschieht. Zwei Gründe lassen sich aus der Passage entnehmen: Das Wort »ens« in diesem Sinne hat – obwohl Kopula eines *wahren* Satzes! – keinen setzenden Bezug zur Wirklichkeit; die darin angesprochene Wirklichkeit ist wesenlos. Es ist dies ein Sinn von Sein, der sich nur aus einer hochformalen Perspektive ergibt, die von allen qualitativen Differenzen abstrahiert. Nur unter diesem Aspekt stehen Sehvermögen und Blindheit auf einer Stufe. Der genannte Sinn ergibt sich also erst durch eine Abstraktion. Thomas macht das Faktum der darin bereits vollzogenen Abstraktion sichtbar und führt damit etwas Folgenreiches vor

Augen: Das Verständnis von Sein im Ausgang von der Kopulafunktion zu bestimmen führt zu einem Verständnis von Sein als Faktizität.

Das »Sein« der Blindheit hat nur einen abgeleiteten Charakter: Erstens kommt Blindheit nicht als solche vor, sie ist nur eine Eigenschaft von etwas. Dies gilt aber von allen Eigenschaften. Sie haben eine unselbständige Wirklichkeit, und das ist für den Aristotelismus das Kriterium dafür, daß es sich nicht um die eigentliche Form von Wirklichsein handeln kann. Das im primären Sinne Wirkliche ist das selbständig Wirkliche. Zur Blindheit als einer unselbständigen Eigenschaft kommt jedoch noch etwas hinzu, sogar das Entscheidende: Blindheit ist keine in diesem Sinne äußerliche Eigenschaft, wie es die Farbe des Auges ist. Zwar muß das Auge irgendeine Farbe haben, welche Farbe es dann ist, ändert jedoch nichts an dem, was das Auge ist. Wohl aber das Blindsein. Ob Augen blau, braun oder grün sind, mag wie die Ausdrucks- oder Strahlkraft hinsichtlich dessen von Belang sein, was Menschen schön nennen. Es macht hingegen keinen Unterschied im Hinblick auf das Wesen des Auges. Die Eigenschaft der Blindheit meint jedoch gerade einen solchen Unterschied. Denn damit wird das Auge gerade seiner spezifischen Funktion beraubt. Man kann ja nicht ein Auge beschreiben und gleichzeitig davon absehen, welche Funktion es hat, wozu es, wie man sagt, gut ist. Mit Bezug auf manches Auge ist es wahr zu sagen, daß es blind *ist*. Aber dieses Blindsein ist eben nicht ein Sein wie das Sehenkönnen, sondern dessen Negation. Die »Wirklichkeit« der Blindheit ist ohne Bezug auf die Sehtüchtigkeit gar nicht beschreibbar. Wohl aber umgekehrt: Das Sehen ist ein Vermögen, das für sich beschreibbar ist. Wenn wir dies als elementare Wirklichkeit ansetzen, dann haben wir nicht den Gegensatz zur Blindheit im Auge, sondern das Nichtsehen. Ein Stein, ein Baum sieht nicht. Dies sind zwei unterschiedliche Arten von Negation: Ein Baum sieht nicht in demselben Sinne nicht, wie ein Blinder nicht sieht.

Die Satzform in jenem Beispielsatz: »Das Auge ist blind«, ist also zwar affirmativ, was wir aber meinen, ist die Störung einer wesentlichen Funktion. Alles Übel ist nach Thomas von dieser Art. Thomas ist offensichtlich nicht der Meinung, daß die Satzform einen universellen Maßstab dafür abzugeben vermag, was »Sein« heißt; die Sprache ist kein Abbild der Wirklichkeit.

Wenn umgekehrt nun gerade Sein nicht Faktizität heißt, kann die Behauptung von der Nichtigkeit des Bösen nicht einer Leugnung seines Vorkommens gleichkommen. Im Laufe der späteren Ontologiegeschichte hat sich genau dieses Verständnis von Wirklichkeit in den Vordergrund geschoben. Die unausbleibliche Folge war, daß von verschiedenster Seite die Privationstheorie des Übels als dessen Leugnung mißverstanden wurde. Erst an dem geschichtlichen Ort, wo jene Metaphysik des Seins ihre Verständlichkeit oder Überzeugungskraft verloren hatte, nimmt sich die Privationstheorie nachträglich aus wie eine absurde Leugnung oder unerträgliche Verharmlosung des Bösen. Thomas selbst hat diesen Zusammenhang hergestellt: »Aus Unkenntnis jener Unterschiedenheit [der beiden Sinne von ›seiend‹] haben diejenigen, die in Betracht gezogen haben, daß einige Dinge schlecht sind bzw. daß das Übel zur Realität gehört, gemeint, das Übel sei selbst eine Art Ding.« (Sth. I, 48, 2, ad 2; vgl. ScG III, 9 [1833])

Wenn nun das Schlechte nicht ein weiterer Fall von Wirklichkeit ist, sondern umgekehrt diese beeinträchtigt, dann scheint daraus zu folgen, daß das Seiende für sich genommen gut ist. Genau dies ist auch Thomas' These, doch hat er für sie auch noch andere und direkte Begründungen.

Thomas kennt zwei der Herkunft nach unterschiedliche Begriffe des Guten: Von Dionysius Areopagita übernimmt er, daß es Wesen des Guten ist, sich selbst zu verbreiten (diffusivum sui), von Aristoteles, daß es dasjenige ist, »wonach alles strebt«[37]. Aus dem ersten schließt er, daß etwas nur dann zu wirken vermag, wenn und insofern es wirklich ist. Die Wirksamkeit geht deshalb aus der Wirklichkeit hervor, weil die Wirklichkeit, genauer: das Wirklichsein, etwas Gutes ist. Erst im »Zustand« der Wirklichkeit vermag aber ein Seiendes zu wirken. Wenn nun das Wirklichsein etwas Gutes und zugleich der Grund für das Wirksamwerden ist, dann kann sich das Gute nicht indifferent zur Wirklichkeit verhalten, sondern muß in ihr enthalten sein. (ScG III, 3 [1883])

Vor dem Hintergrund des Guten als Strebensziel kann er fragen, ob auch das Sein selbst und als solches erstrebt wird. Diverse Phänomene scheinen ihm ein solches Streben nach Selbsterhaltung zu zeigen. Wenn das Sein selbst erstrebt wird, muß es seinerseits den Charakter des Guten haben. Warum aber sucht das Lebendige sich zu erhalten? Wenn sein Sein das ist, wonach es strebt, und das Gute als das zu bestimmen ist, wonach alles strebt, dann sieht sich Thomas berechtigt, das Sein als etwas Gutes zu bestimmen. (De ver. 21, 2)

Nicht übergangen werden darf hierbei jedoch, daß Thomas die Privationslehre in einer genau bestimmten Hinsicht einschränkt. Das sittlich Böse ist nicht in derselben Weise »bloß« Privation des Guten wie etwa die Deformation eines Lebewesens. Da die sittlich bedeutsame Tätigkeit durch die Willentlichkeit konstituiert ist, der Wille sich aber auf einen Zweck als sein Gut richtet, definieren »gut« und »schlecht« spezifische Differenzen – was eine privative Bestimmung nicht vermag. Thomas nennt das sittlich Böse sogar »etwas Positives«. (De malo 1, 1 ad 12) Der Grund für diese Unterscheidung liegt darin, daß im »ordo rationis« gut und schlecht eine wesentliche Differenz ausmacht. Dadurch zieht Thomas anders als etwa Albertus Magnus oder Bonaventura der Analogie von physischem und moralischem Übel eine strikte Grenze.

Halten wir fest: Die Unterschiede hinsichtlich des Seins können nicht als spezifische Differenzen gedacht werden. Die unterschiedlichen Weisen sind unterschiedliche Weisen, das, was mit Sein gemeint ist, zum Ausdruck zu bringen. Damit bestätigt sich nochmals, daß wir es beim Begriff der Wirklichkeit mit strukturell anderen Zusammenhängen zu tun haben als bei sonstigen abstraktiven Begriffen von Dingen und Eigenschaften. Ein wichtiges Merkmal des modalen Unterschiedes muß aber noch genannt werden. Diese Unterschiede, sagten wir, bringen Sein jeweils auf ihre Weise zum Ausdruck. Liegen diese Weisen des Seins auf einer Ebene, sind sie hinsichtlich der Ausdrucksmöglichkeit gleichwertig? Wie verhalten sie sich zueinander? Schon im Wort »Ausdruck« liegt die Möglichkeit gradueller Verschiedenheit. Diese Differenz ergäbe bei einer generischen Gliederung gar keinen Sinn. Ein unlebendiger Körper ist nicht ein besserer/authentischerer oder sonstwie in gesteigerter Form ein Körper als ein lebendiger und umgekehrt. Da jedoch die Unterteilungen des Seiendseins unmittelbar die Modi dieses Seins sind, lassen sie sich zueinander – logisch betrachtet – in Beziehung bringen. Allerdings ist das noch ganz ungenau ausgedrückt. In Wahrheit ist dies nämlich keine bloße Möglichkeit, sondern eine feste begriffliche Struktur. Die Seinsweise einer Eigenschaft ist die eines »in alio esse«. Evidentermaßen gibt es das Grünsein nicht als solches, sondern nur als Eigenschaft von Autos, Pullovern, Bleistiften, Blättern etc. Grünsein kommt an etwas vor. Wir müssen bei Farben, Quantitäten, Beziehungen etc. immer etwas voraussetzen, woran dieses vorkommt. Dasjenige, woran solche sekundäre Wirklichkeit vorkommt, nennt man seit Aristoteles »Substanz«. Diese kommt gerade nicht mehr an etwas vor, sondern ist selbständig. Ein Löwe kommt nicht an der Materie vor, so wie das Brüllen an ihm vorkommt. Substanz ist nicht der selbst inhaltslose »Träger« von Eigenschaften, sie ist die konkrete und selbständige Realisierung einer wesentlichen Bestimmung.

Hier liegt also eine Verweisstruktur des »Im-anderen-Sein« (in alio esse) auf das »In-sich-Sein« (in se esse) vor. Sie meint weder einen identischen Kern, der sich durch zusätzliche Merkmale weiter ausdifferenziert, dadurch würde das Sein zu einem Gattungsbegriff, noch bloße Verschiedenheit der Bedeutung, vielmehr eine qualifizierte Bedeutungsverschiedenheit: Je eine der Bedeutungen verweist auf die andere. Dies nennt Thomas Analogie. Wenn man sagt, Gott zugesprochene Prädikate würden »nur analog« ausgesagt, so ist damit offensichtlich nichts gesagt. Erst wenn man die Struktur dieser Analogie anzugeben weiß, ist die Möglichkeit eröffnet, explizieren zu können, was man sagt.

Die Frage, an der manche Analogieenthusiasten allzuleicht vorbeisehen, ist allerdings, ob man die Analogie göttlicher Prädikate begründen kann, ohne sie schon vorauszusetzen. Wir können diese Frage hier nicht beantworten noch verfolgen, was aus ihrer Bejahung tatsächlich folgen würde. Für das Verständnis der Thomasischen Analogielehre viel wichtiger ist, sich klarzumachen, daß Analogie keine Bezeichnung für eine bestimmte Klasse von Begriffen darstellt. Wenn Thomas mit Aristoteles sagt, daß »seiend« vielfältig ausgesagt wird, dann liegt hier die Betonung auf dem Ausgesagtwerden. Man kann auch in *einem* bestimmten Sinn das »Ist« aussagen. Aber ein Blick auf alle möglichen Verwendungsweisen zeigt, daß hier unterschiedliche Weisen von Sein zum Ausdruck gebracht werden. Was diese Verwendungsweisen von einem beliebigen mehrdeutigen Wort unterscheidet, ist der – aber auch wiederum bei manch anderem Wort festzustellende – Umstand, daß wir von etwas sprechen, was wir im eigentlichen Sinne wirklich oder seiend nennen – so wie wir »gesund« im eigentlichen Sinne von einem Lebewesen aussagen, in abgeleiteter, weil auf den primären Sinn verweisender Form aber auch von einem Spaziergang, einer Erfahrung, einer Speise oder von der Gesichtsfarbe sagen können, sie sei gesund. Wenn man hingegen den Begriff des Seins einfach als die abstrakteste aller möglichen Bestimmungen nimmt, ist diese analoge Struktur verschwunden. Um jedoch das, was dieser Bestimmung an ihr selbst zukommt, explizieren zu können, bedarf es der Analogien. Dies schon deswegen, weil man bei wechselseitig bestimmten Begriffen nicht für sich sagen kann, was sie bedeuten. Das gilt zumal dann, wenn sie durch Abstraktion bestimmter Aspekte gewonnen sind, wie es bei Akt und Potenz der Fall ist. Man kann also nicht nur nicht exklusiv sagen, was einen Akt ausmacht, ohne den Komplementärbegriff der Potenz zu berücksichtigen, man kann auch das Verhältnis beider nicht anders erläutern als durch den Verweis auf solches, das sich wie Wirklichkeit und Möglichkeit zueinander verhält. Analogie ist daher nicht nur eine Bestimmung für das spezifische Verhältnis von Verwendungsweisen eines Wortes, es meint zugleich die Bildung von Proportionen, durch die jene Aussageweisen überhaupt erst analysierbar werden.

Alles, was die Philosophie von Gott sagen kann, sagt sie auf der Basis der Erkenntnis endlicher, ja sogar materieller Wirklichkeit. Daher ist für Thomas die Frage, wie »neben« und »außer« dem Absoluten etwas Nichtabsolutes sein kann, nicht vordringlich. Sie ist jedoch nichtsdestoweniger unausweichlich.

Wenn Gott »das Sein selbst« ist, muß dann nicht alles andere nichtig und bloß scheinhaft sein? Dies würde den Ausgangspunkt des Thomasischen Gedankens am Ende wieder durchstreichen. Denn Ausgangspunkt ist die Substanz, das – etwa in der Weise eines Lebewesens – selbständige Seiende. Das neben, und genauer gesagt, durch das absolute Sein Bestehende existiert, insofern es diesem ähnlich ist. Endliche Dinge leben voneinander und verdrängen einander. Das schöpferische Sein Gottes vermag anderes neben sich sein zu lassen. Natürlich spricht auch Thomas wie die Tradition der Kirchenväter davon, daß das Sein der Geschöpfe wie nichts ist angesichts des absoluten Seins Gottes. Aber die Ähnlichkeit der Geschöpfe mit Gott liegt gerade in ihrer Selbständigkeit. Thomas korrigiert daher eine alte Anschauung, wonach die Dinge von sich her zum Nichts streben (von dem sie herstammen): »Zum Nichts zu streben ist nicht die wesenseigene Bewegung der Kreatur; diese Bewegung zielt vielmehr ständig auf das Gute, und das Streben ins Nichts ist nur ihr Versagen.« (De pot. 5, 1 ad 16) Jene Ähnlichkeit der Dinge dokumentiert sich darin, etwas hervorbringen zu können: »Das Zeichen der Vollkommenheit in den niederen Wesen ist: daß sie etwas sich selber Ähnliches zu schaffen vermögen.« (ScG II, 6 [882]) Thomas spricht daher von der »dignitas causalitatis«, der Würde der Wirkkraft. (Sent. II d. 1, 1, 4; Sth. I, 23, 8 ad 2) Aber nicht allein Endliches überhaupt soll sein. Auch dessen geordnete Mannigfaltigkeit hat seine Wurzel im ersten Prinzip und ist nicht ein gleichgültiges Abfallprodukt eines Emanationsprozesses. Auch wenn Unvergängliches oder geistige Wirklichkeit höherrangig ist als das Vergängliche oder das Materielle, eine Welt, die beides umfaßt, ist von höherer Vollkommenheit als diejenige, die nur eines davon, und sei es das Höherrangige, umfaßt. (De ver. 5, 3 ad 3; ScG III, 136) Daß die Welt gut ist, diesen provokativen Satz aus dem ersten Kapitel des Buches *Genesis* hat Thomas also ausführlich zu begründen gesucht. Er bestreitet jedoch nicht nur, daß diese Welt die bestmögliche ist, sondern schon, daß dies ein erfüllbarer Begriff ist.

Grundzüge der Gotteslehre

Zu den prominentesten Texten des Mittelalters gehört derjenige, in dem Thomas in der *Summa theologiae* Gottes Existenz zu beweisen unternimmt. Er hat sich diesem Problem des öfteren gewidmet, die späten Formulierungen in der *Summa* sind die knappsten. Es handelt sich um fünf Beweisgänge (quinquae viae). (Sth. I, 2, 3)

Interessant für das Selbstverständnis des Thomas und seiner Kollegen ist schon allein der Umstand, daß er überhaupt einen Gottesbeweis führt. Es handelt sich nicht um etwas, was ihm auch nur im entferntesten fraglich gewesen wäre. Aber zu seinem Selbstverständnis gehört es gerade, schon die Möglichkeit eines solchen Zweifels zu legitimieren. Thomas stellt daher in beiden Summen zwei Vorfragen voran. Sie betreffen die Beweisbedürftigkeit und die Beweismöglichkeit der Existenz Gottes.

Der erste Gesichtspunkt bringt eine Auseinandersetzung mit Anselms berühmtem Argument, daß dasjenige, »worüber hinaus nichts Größeres gedacht werden kann«, existieren muß, da die Realität stets »größer« ist als die bloße Vorstellung davon. Thomas versteht es als ein Argument für die Evidenz Gottes, dafür also, daß seine Existenz eines Beweises gar nicht bedürftig ist. Dies geht an der Intention Anselms sicherlich vorbei. Doch ist Thomas' Behauptung, alles sich auf Gott beziehende Wissen könne nur ein vermitteltes, nämlich durch die vernünftige Erfahrung unserer Welt vermitteltes Wissen sein, von grundlegender Bedeutung. Alle unmittelbare Evidenz, die für die Existenz Gottes beansprucht wird, beruht auf einem Schein. Intensive religiöse Erziehung und ein entsprechendes Umfeld machen die Existenz Gottes psychologisch gesehen vollständig fraglos. (ScG I, 11 [66]) Wenn jedoch zumindest der Tor sagen kann: »Es ist kein Gott« (Ps 14, 1), dann entspricht dies der Erfahrung unseres Lebens, daß man die Welt mit Augen anschauen kann, die keinen Verweis auf etwas Göttliches wahrnehmen.

Thomas vermißt bei Anselm eine Begründung dafür, daß Gott mit Recht als dasjenige gekennzeichnet wird, »über das hinaus nichts Größeres gedacht werden kann«. Der – später ontologisch genannte – Gottesbeweis setze das schon voraus, was es erst zu beweisen gelte. Der von Anselm konstatierte Widerspruch in der Leugnung der Existenz Gottes ergibt sich nur, wenn man schon zugibt, daß in der Wirklichkeit etwas ist, über das hinaus nichts Größeres gedacht werden kann. (ScG I, 11 [67]; Sth I, 2, 1 ad 2)

Ebenso aber weist Thomas die fideistische Behauptung, Gottes Existenz könne man nicht beweisen, müsse sie nur glauben, als eine zu simple Alternative zurück. Wenn Gottes Existenz nicht evident ist, heißt das noch nicht, daß man nur noch an sie glauben kann. Das Wissen um die Existenz Gottes steht unter der Bedingung, welche die Bedingung unseres Wissenserwerbs überhaupt ist: Wir fragen nach dem Warum. Diese Warum-Frage kommt nicht zu Ende, bis – um es mit Kant zu formulieren – »zu allem Warum das Darum«[38] gefunden ist. Thomas macht hier einsichtig, daß religiöse Überzeugungen in einem Kontext stehen und ihn nicht einfach ersetzen.

Wie aber läßt sich die Existenz Gottes beweisen? Thomas kann nicht von exzeptionellen Ereignissen, die vielleicht auf ein welttranszendentes Wesen verweisen, ausgehen. Für am überzeugendsten, weil offenkundigsten (manifestior: Sth. I, 2, 3) hält er gerade umgekehrt den Ausgang von einem ganz elementaren Zug unserer Wirklichkeitserfahrung. Die Argumentation ist in der *Summa contra Gentiles* (I, 13) besonders ausführlich und hochsubtil[39]; wir können hier nur die Grundschritte verfolgen.

Eine solche grundlegende Erfahrung ist die der Bewegung. Sie ist uns so selbstverständlich, daß wir normalerweise gar keinen Anlaß haben, überhaupt festzustellen, daß es Bewegung gibt. Daß sich etwas bewegt, zeigt unsere Wahrnehmung. Parmenides hat dieses Zeugnis zwar in Zweifel gezogen und Bewegung für Schein erklärt. Doch wenn sein Problem, daß nämlich Bewegung nicht denkbar ist nach der Aristotelischen Entwicklung eines förmlichen Begriffes von Bewegung, gelöst ist, entfällt dieser Einwand. Alle Bewegung ist Realisierung; ein zuerst noch Ausstehendes wird realisiert. Dies aber bedarf einer Ursache. Wenn dem so ist, dann sind zwei mögliche Auswege zu verstellen: Nicht Bewegung überhaupt wie bei Parmenides, wohl aber Selbstrealisierung ist im strikten Sinne ein Widerspruch; denn um sich realisieren zu können, müßte etwas bereits existieren; wenn es hingegen bereits existierte, dann bedürfte es keiner Verursachung mehr. Wenn nun aber Verursachung, dann kann diese nicht ins Unendliche gehen. Ein unendlicher Regreß steht im Widerspruch zu dem, was eine Erklärung ist. Es bedarf also einer Instanz, die zwar Bewegung auslöst, aber doch von der Art ist, die Frage, die wir stellen, nicht ihrerseits noch an eine weitere Instanz zu verweisen. Thomas spricht von einem »unbewegt Bewegenden«. Dieses bedarf, weil unbewegt, selbst keiner Bewegungsursache mehr. Da es also Bewegung gibt, muß es ein unbewegt Bewegendes geben.

Daran und an parallele Schlußfolgerungen fügt Thomas Sätze wie den: »Und dies nennen alle Gott.« Diese Sätze sind offensichtlich nicht mehr Teil des Beweises. Daß ein Unbewegtes, aber Bewegendes Gott genannt wird, ist weder Gegenstand des Beweises noch auf irgendeine Weise in dessen Prämissen enthalten. Thomas bringt hier den Begriff, dessen Objektivität das vorangegangene Argument unter Beweis stellen sollte, zusammen mit dem, was die Menschen allgemein mit dem Wort »Gott« verbinden. Anselm hat in seinem Argument den Begriff von Gott eigens eingeführt als dasjenige, »über das hinaus nichts Größeres gedacht werden kann«. Wenn die Existenz von etwas bewiesen ist, dem diese Bestimmung zukommt, dann ist daher zweifellos Gott bewiesen. Allerdings hat Thomas dagegen geltend gemacht, daß ebendiese anfängliche Identifikation von Gott als demjenigen, über den hinaus nichts Größeres gedacht werden kann, nicht bewiesen wird. (ScG I, 11 [67]) Anselm hat dies wohl für überflüssig gehalten. Ebenso hält Thomas die entsprechende Identifikation, die bei ihm nach dem eigentlichen Beweis steht, für unproblematisch. Es kommt sozusagen nichts sonst in Frage, was Ursprung aller Bewegung sein könnte.

Thomas stellt diesem Beweisgang einige andere an die Seite. Das hat in seinen Augen nichts damit zu tun, daß man etwa einen einzigen Beweis nicht für ausreichend halten würde. In unzählig vielen anderen Zusammenhängen summiert er ebenfalls eine Vielzahl von Argumenten, ohne im geringsten erkennen zu lassen, daß sie nur in der Summe zum Ziel führen. Zur Endlichkeit menschlichen Erkennens gehört es vielmehr, immer von Einzelaspekten ausgehen zu müssen. Selbst wenn also ein das Ganze unserer Wirklichkeit betreffender Gedanke entwickelt werden soll, kann dieser nicht unmittelbar eingeführt werden.

Eines jener parallel gerichteten Argumente geht von der Ordnung des Kosmos aus: Er ist eine Einheit aus Verschiedenem. Daß diese voneinander verschiedenen Elemente sich dennoch zu einem sinnvollen und erkennbaren Ganzen zusammenfügen, kann also nicht an einem dieser Elemente des Kosmos liegen. Der Grund für den Sinnzusammenhang ganz verschiedener Dinge muß *einer* sein, und zwar ein solcher, der außerhalb des Kosmos liegt.

Ein ähnlich gerichteter Gedankengang sei noch hervorgehoben, obgleich ihn Thomas nicht an dieser systematischen Stelle vorbringt. (De ente, 5; ScG II, 15; Sth. I, 65, 1) Er hat jedoch den Vorteil, sich nicht – wie der Bewegungsbeweis – auf eine bestimmte Naturphilosophie oder gar Kosmologie einzulassen und damit deren Kontingenz teilen zu müssen (was Thomas aber nicht so sagen würde). Alle Dinge der Wirklichkeit haben gemeinsam, daß sie sind. Im einzelnen liegt dies einfach darin begründet, daß sie eine Ursache hervorgebracht hat. Aber da zum Sein auch das Möglichsein gehört, können einzelne Ursachen immer nur für das Sosein aufkommen, nicht jedoch dafür, daß sie überhaupt sind. Dies bedarf daher einer eigenen Ursache. Thomas nennt sie im prononcierten, von anderen – und zwar von allen anderen – Ursachen unterschiedenen Sinne »causa essendi«. Sie ist Seinsursache, insofern sie den Dingen verleiht, überhaupt zu sein. Wenn es sich nämlich um etwas handelt, was alle Dinge gemeinsam haben, dann kann wiederum nicht eines dessen Ursache sein. Das wäre zum einen grundlos, also irrational, zum anderen käme dies dann doch auf eine Selbstverursachung hinaus, deren Unmöglichkeit jedoch bereits dargetan worden ist.

Thomas stellt hierzu selbst die Frage, ob die folgenden beiden Behauptungen zusammengehen: 1. Gottes Existenz kann bewiesen werden. 2. Gottes Wesen kann nicht gewußt werden. Gewiß kann die Existenz eines unbekannten X nicht gewußt werden. Es bedarf zumindest eines Minimalbegriffes. Mehr ist in diesen Beweisresultaten auch nicht beansprucht. Überdies schränkt Thomas auch das Wissen um die Existenz noch ein: »Wir wissen nämlich, daß der folgende Satz, den wir von Gott bilden, wenn wir sagen: ›Gott ist‹, wahr ist; und dies wissen wir auf Grund seiner Wirkungen.« (Sth. I, 3, 4 ad 2)

Wenn Thomas die endliche Wirklichkeit als Dualität von Wesen und Sein faßt, dann ist darin impliziert, daß sich solches nicht selbst in Wirklichkeit versetzen kann. Wenn dies aber, wie oben vorgeführt, eine Instanz voraussetzt, die der Grund für das Sein aller einzelnen Dinge und des Universums insgesamt ist, dann kann diese »causa essendi« folgerichtig nicht als Dualität von Sein und Wesen gefaßt, sondern muß gerade als Identität dieser beiden Momente gedacht werden. Gott ist, wie Thomas in vielen Variationen sagt, sein Sein. Er ist, weil durch nichts anderes bestimmt, reine Wirklichkeit: »actus purus«. Diesen durch metaphysische Reflexion gewonnenen Begriff verknüpft Thomas häufig mit jener Selbstoffenbarung am Berg Sinai, wo Gott auf die Frage des Moses, was er denn seinem Volke auf die Frage entgegnen soll, wer ihn schicke, zur Antwort gibt: »Der, der ist.« Diesen Gottesnamen hält Thomas – auch angesichts der Schwäche des Menschen, einen bestimmten Begriff zu gewinnen – für den eigentlich angemessenen. (Sth. I, 13, 11)

Was ist nun mit diesen kurz skizzierten Argumenten erreicht? Gott ist aus der Perspektive des Thomas insofern bewiesen, als auf verschiedenen Wegen die Notwendigkeit einer Instanz gezeigt worden ist, deren Kennzeichnung ausschließlich mit dem übereinkommt, was man mit dem Wort »Gott« meint. Es handelt sich also dem Anspruch nach eindeutig um Wissen. Doch ist Thomas ganz offensichtlich darum bemüht, das Resultat der Bemühung – gerade weil sie doch erheblich war – davor zu bewahren, überschätzt zu werden. Dies in mehrfacher Hinsicht:

1. Dieses Wissen ist unter dem Maßstab der Aristotelischen Wissenschaftstheorie nicht der Optimalfall. Letzterer beruht nämlich auf einer Einsicht in das Wesen einer Sache. Man kann die Aussage, daß Pferde kein Fleisch fressen, erst dann ein Wissen nennen, wenn man es mit dem, was ein Pferd wesentlich bestimmt, in einen Begründungszusammenhang bringen kann. Wir haben aber kein Wissen vom Wesen Gottes. Da Gott keine Art von irgend etwas ist, läßt sich sein Wesen nicht definitorisch fassen. Thomas versteht den Ausgang von Gegebenheiten,

die wir allererst als Wirkungen von etwas interpretieren müssen und deren Ursachen wir erst noch bestimmen müssen, als einen Erkenntnisweg, der nicht der Aristotelische Königsweg der Erkenntnis ist. Es handelt sich vielmehr um den »deuteros plous« des Thomas in der philosophischen Theologie.

2. Der angesichts der kognitiven »cognitio humana« unumgängliche Ansatz bei Charakteren der Welt stellt die Gotteserkenntnis unter die Bedingung des Kausalprinzips. Mit anderen Worten: Jene Charaktere führen nur dann zu einer Art Wissen von Gott, wenn dieser als deren Grund begriffen wird. Da er jedoch nicht Grund für sie sein kann wie ein Elternpaar für seine Kinder – denn diese gehören ja immer noch zur selben Art –, ergibt sich aus dieser Anwendung des Kausalprinzips nur ein Wissen davon, daß Gott ist. (In De trin. 1, 2) Thomas greift hier einen Gedanken auf, der schon von Plotin und dann von der großen Tradition der negativen Theologie gedacht worden ist, nämlich daß wir vom Grund der Wirklichkeit nur wissen können, daß er ist, nicht aber, was er ist. Thomas zeigt innerhalb einer ausgearbeiteten Konzeption von Kausalität als Wirksamkeit, warum dem so ist. Gott ist Grund für das, was er nicht ist; er muß also in einem höheren Sinne sein, als es die Dinge und Zusammenhänge sind, die durch ihn verständlich werden. Worin dieses Höhersein besteht, vermögen wir nicht zu sagen. Es gilt jedenfalls im Hinblick auf alle endliche Kraft, sei es der Hervorbringung oder des Denkens: Daß die Dinge für etwas Grund sein können, liegt selbst in Gott begründet (De ver. 22, 2; In De trin. 4, 1; In De causis 1 [23. 29]; De pot. 3, 7; 3, 8 ad 19); daß wir denken können und beispielsweise Argumente für die Existenz Gottes entwickeln können, geschieht selbst schon auf der Basis von Prinzipien, die der menschliche Geist dem göttlichen verdankt. (De pot. 5, 1 ad 18; ScG III, 76 [2522]; Sth. I, 79, 4; ScG I, 7 [43]; In De trin. 2, 3)

Das Wissen kann daher auch kein unmittelbares Gegenstandswissen sein, da die Unmittelbarkeit nur in der Wahrnehmung oder in den formalen Denkprinzipien liegt. Wie also ist die Wahrheit des Gesagten zu kontrollieren, wenn wir das nicht können, was bei jedem empirischen Gegenstand unternommen würde – nämlich die Aussagen über ihn mit den Wahrnehmungen von ihm zu vergleichen?

Wenn nun kein Wesensbegriff erreicht wird, woher wissen wir dann, daß wir Gott und nicht irgend etwas anderes bewiesen haben? Müssen wir nicht doch einen Wesensbegriff oder eben doch einen Begriff bilden, von dem wir wissen – nicht bloß annehmen oder glauben –, daß er einzig Gott zukommt? Da wir dies nicht empirisch nachprüfen können, kann es sich also nicht um eine rein faktische Bestimmung handeln. Thomas' Antwort darauf ist folgende: Es handelt sich jeweils um Bestimmungen, von denen wir wissen können, daß sie keiner anderen Entität zukommen können. Insofern mit Begriffen wie »erstes unbewegt Bewegendes«, »das erste Notwendige« etc. jeweils etwas gemeint ist, was alles andere bestimmt, ist damit das Begriffliche gedacht, das man mit dem Wort »Gott« meint. Aus ihnen wird durch weitere ersichtlich, daß sie nur eine einzige Realisierung haben können, und zwar jeweils ebenso notwendig dieselbe.

Eine zweite Kompensation für den fehlenden Wesensbegriff neben dem durch die Kausalrelation bestimmten Zugriff ist der eigentümliche Charakter dieser Bestimmungen selbst. Was im Begriff des Unbewegten für Aristoteles nur die Gewähr war, nicht weiter nach einem Bewegungsprinzip fragen zu müssen, gewinnt bei Thomas eine ganz grundsätzliche Bedeutung.

Bei der Erkenntnis Gottes, so sagt er, hat der Weg der Verneinung die vorrangige Bedeutung. Gerade weil wir von Eigenschaften endlicher Dinge oder Charakteren der Endlichkeit überhaupt auszugehen haben, muß deren Grund durch die Negation all dieser Bestimmungen bestimmt sein. Denn anderenfalls würde man die Warum-Frage iterieren. Die alles entscheidende Frage ist hier, ob durch solche Negationen denn etwas erkannt wird. Was wissen wir von einem X, wenn wir sicher sein können, daß es nicht a, nicht b, nicht c etc. ist?

Schon der große, von Thomas immer mit hoher Achtung behandelte Rabbi Maimonides, der ein strikter und radikaler Vertreter der negativen Theologie war, hat darauf eine Antwort gesucht. Er hat hierzu darauf hingewiesen, daß wir negative Bestimmungen ebenso in eine Abfolge bringen können wie positive.[40]

Allerdings können wir durch Summierung von Negationen allein niemals sicher sein, daß ihre Kombination tatsächlich nur noch auf ein Wesen zutrifft. Dieses Problem, das den Sinn negativer Theologie überhaupt in Frage stellt, hat Thomas offensichtlich gesehen, denn er widmet ihm in der *Summa contra Gentiles* ein kurzes, aber ertragreiches Kapitel. (ScG I, 14)

Jede Sache hat ein »eigenes, von allen anderen Dingen unterschiedenes Sein«. Das bedeutet: Negative Prädikate haben – innerhalb bestimmter Grenzen! – formal dieselbe Struktur wie positive Prädikate und können daher dieselbe Bestimmungsfunktion übernehmen. Diese Identität besteht nun in einer doppelten Hinsicht:

1. Beide Prädikatsformen bringen eine Unterschiedenheit des durch sie Bestimmten von anderem zum Ausdruck. Der positive Begriff »lebendig« kennzeichnet einen Unterschied zu allem Nichtlebendigen. Ein solcher Ausschluß geschieht ebenso in einem negativen Prädikat wie etwa »nichtveränderlich«. Wie in jeder positiven Bestimmung zugleich eine Abgrenzung von anderem liegt, so enthält auch jede negative Bestimmung eine solche Abgrenzung, von demjenigen nämlich, das unter den entsprechenden positiven Begriff fällt.

2. Die Eigentümlichkeit eines Seienden wird nun um so genauer erfaßt, je mehr Unterschiede zu anderen Dingen erkannt werden. Positive Bestimmungen erlauben, sie durch weitere zusätzlich zu spezifizieren: Etwas ist zum Beispiel nicht nur lebendig, sondern darüber hinaus auch vernünftig. Diese Möglichkeit gewähren aber negative Bestimmungen genauso. Beide Prädikationen lassen sich in eine Abfolge bringen, so daß die Abgrenzung immer bestimmter wird: Gott ist nicht nur kein Akzidens, sondern – als Substanz – auch kein Körper etc. Da mit negierenden Prädikaten jedoch kein Wesensbegriff gebildet werden kann, gelangt man mit diesem Verfahren zu keiner vollkommenen Erkenntnis, immerhin aber zu einer »propria consideratio«. Das heißt: Auch wenn wir um die Unangemessenheit bestimmter Prädikate wissen, so können wir doch jedenfalls wissen, daß sie keinem anderen Subjekt zukommen. Eine ausschließlich negative Theologie widerspräche daher dem Anspruch einer Wissenschaft: Wenn alle Prädikate einen negierenden Sinn haben, dann läßt sich dieses Erfordernis nicht mehr begründen. Es liefe darauf hinaus, in einem irrationalen Sinne einen Sprung in das ganz Andere zu tun, von dem nicht mehr angebbar wäre, inwiefern es »anders« ist, wie es sich überhaupt geltend machen kann und wie wir von dieser Andersheit wissen können.

Der Ausweg, dann eben den Anspruch der Wissenschaft fallenzulassen, ist deswegen versperrt, weil eine Totalnegation schon im Widerspruch zur religiösen Sprache stünde. Wenn auf Gott angewendete Prädikate nur den Sinn haben, diejenige Bedeutung zu negieren, die sie in der Anwendung auf endliche Dinge haben, wird unverständlich, warum die Menschen bestimmte Eigenschaften Gott zuschreiben und andere nicht. Man könnte einwenden, diesen Unterschied zu machen gehöre eben zu den Naivitäten einer unaufgeklärten und anthropomorphistischen Religiosität. Doch müßten wir einen identifizierenden

Begriff von Gott auch dann in Anspruch nehmen, wenn wir alle Rede von ihm für äußerlich hielten. Denn was wäre der Maßstab einer solchen Beurteilung?

Was genau wird nun aber hier negiert? In der Rede von Gott liegt ein spezifisches Erfordernis für Negationen. Thomas unterscheidet mit der Sprachphilosophie seiner Zeit an den Worten das Moment der Bedeutung von dem der Ausdrucksweise. Diese Differenzierung erlaubt es Thomas, die Maimonideische Aporie zu überwinden. Der Gedanke des Guten etwa läßt sich nur entweder als abstraktes Substantiv (bonitas – Gutheit) oder als substantiviertes Adjektiv (bonum – das Gute) ausdrücken. Im ersten Fall drücken wir eine einfache, aber unselbständige Qualität aus, im zweiten Fall eine zwar selbständige, aber komplexe Wirklichkeit. Der *sachliche Gehalt* des Guten muß Gott zugeschrieben werden. Allerdings sind alle in der jeweiligen *Ausdrucksweise* eingeschlossenen Konnotationen korrekturbedürftig. Denn Gott wird zwar als einfach, nicht aber als unselbständig gedacht, sondern umgekehrt als selbständig, nicht aber als eine komplexe Wirklichkeit. Daher muß in aller angemessenen Rede von Gott den Negationen der Primat zukommen. So vermag Thomas auch jenen bereits zitierten Satz des Dionysius über die Unangemessenheit aller Affirmationen und die Wahrheit aller Negationen zu integrieren. Thomas spricht von dem vorzugsweisen Gebrauch der »via remotionis«, da zwar manche Prädikate Gott wesentlich zukommen, alle Prädikate nichtsdestoweniger korrekturbedürftige Konnotationen mitbringen. Zudem ist Gott nicht in der Weise gerecht, wie es Richter, Gesetze, Regelungen sein können. Die Steigerung zum Inbegriff erscheint sprachlich ebenfalls als Negation.

Die Vielzahl der Benennungen ist also nicht das einzige Indiz der Begrenztheit menschlicher Rede. Auffällig ist es nach Thomas ebenfalls, daß häufig Bezeichnungen mit einem negativen Präfix verwendet werden: unendlich, unermeßlich, unbewegt, unergründlich etc. Dies ist jedoch kein Sonderfall innerhalb einer philosophischen Theologie. Bei der im Zusammenhang des Metaphysikbegriffs gestellten Frage, worin denn der Grund für die Verständlichkeit von etwas liegt, hat Thomas die Immaterialität genannt. Die Erläuterung des Intelligiblen und entsprechend dazu des Intellektiven als immateriell muß Zuflucht nehmen zu einem negativen Prädikat, das aber im Negieren das Negierte und somit das Andere noch mitbringt. Thomas von Aquin hält dies für unvermeidlich. Die Metaphysik hat es wesentlich mit negativen Prädikaten zu tun. Thomas braucht nur auf die traditionellen Bestimmungen der metaphysischen Grundbegriffe zu verweisen, in denen überall entweder offenkundig oder implizit Negationen enthalten sind: Eines ist das, was keine Teile hat, quod est in se indivisum (De ver. 2, 15); zeitlos nennt man das, was eines Anfanges und eines Endes entbehrt, der Abfolge entbehrt (Sth. I, 10, 1); und es gilt sogar für den Begriff der Substanz: »Es wird insofern ›durch sich Seiendes Seiendes‹ genannt, als es nicht in einem anderen ist; was eine reine Negation ist« (ScG I, 25 [236]). Und zuletzt auch noch für den Begriff des Verstehbaren selbst: »Das Intelligible wird eher durch Negation als durch eine Setzung ausgesagt. Ein jedes ist nämlich dadurch intelligibel, daß es frei und getrennt von Materie ist.« (In De trin. 1, 2 ad 4) Wir sind offenkundig zu anderen, zu nicht negativen Bestimmungen nicht in der Lage. Die Metaphysik ist daher für uns – wie schon hervorgehoben – eine letzte Wissenschaft.

Noch in der Art ihrer Bestimmungen sieht man ihr das an. In gewisser Weise kommen wir allerdings schon über die Negationen hinaus: Zum einen lassen sich diese akkumulieren, und wenn es sich um bestimmte Negationen handelt, dann liegt darin nach Thomas eine inhaltliche Erkenntnis und Schärfung der Bestimmtheit. (ScG I, 14) Zum anderen können wir diesen Umstand nicht nur feststellen, sondern auch in seiner Begründung verstehen. Das menschliche Verstehen geht unabdingbar von der Sinnlichkeit aus. Die unmittelbar sinnliche Wahrnehmung bestimmt zwar nicht den Umkreis des überhaupt Erkennbaren, wohl aber trägt auch die Transzendenz der Sinnlichkeit die Spuren des Transzendierten an sich: »Daher rührt es, daß wir die ersten Gründe der Dinge ausschließlich durch die Verneinung der abgeleiteteren bestimmen; so wenn wir etwa sagen, daß ein ›Punkt‹ dasjenige ist, das keine Teile hat; auch Gott erkennen wir durch Verneinungen, indem wir sagen, Gott sei unkörperlich, unveränderlich, unendlich.« (In Met. X, 4 [1990])

Dieser für den Menschen unumgängliche Ausgangspunkt bei der sinnlichen Wahrnehmung macht es unmöglich zu wissen, was Gott in seinem Wesen ist. Aber sagt nicht die Schrift, daß Gott »die Liebe ist« (1 Joh. 4, 8)? Doch die vom Christentum als Offenbarung anerkannte Schrift gibt Gott eine Vielzahl von Namen: mächtig, milde etc. Auch darin sieht Thomas ein Zeichen der Begrenztheit: Da Gott der schlechthin Eine ist, dürfte es »eigentlich« von ihm auch nur einen Begriff geben. Den haben wir nicht. Das eine Wort, so sagt der Theologe Thomas, in dem sich Gott artikuliert, ist nur der göttliche Logos selbst. Und es ist die Bestimmung des Menschen, in seinem ewigen Leben den einen Namen Gottes zu erfahren. (Cth. I, 24)

Wir reden jedoch nicht einfach unbestimmt. Alle Bezeichnungen, die eine Vollkommenheit zum Ausdruck bringen, können Gott zugeschrieben werden. Es geht dabei nicht darum, wie Whitehead einmal gesagt hat, Gott »metaphysische Komplimente zu machen«[41]. Vielmehr ist der Maßstab des Vollkommenseins unumgänglich, will man nicht auf ein Kriterium für solche Zuschreibung verzichten. Aber schon der Maßstab selbst, das Vollendete, »perfectum«, kann nicht unkorrigiert aus der Sprache einfach entnommen werden. Denn Vollendung scheint etwas vorauszusetzen, was dazu erst gelangt. (Sth. I, 4, 1 ad 1; ScG I, 28 [268])

Wenn die Worte, die der Mensch gebraucht, um zu oder von Gott zu sprechen, in dieser Verwendung eine völlig andere Bedeutung annähmen, könnte er nicht mehr wissen, was er sagt. Könnte man nicht vielleicht ebendies einräumen und sagen, der Mensch muß in der Rede von Gott eben auch die Kontrolle über seine Sprache opfern? Das hätte jedoch unweigerlich zur Folge, daß damit auch der Unterschied zwischen dem Angemessenen und Unangemessenen, dem Sinnvollen und Sinnlosen verschwände. Wenn von Gott immer auch das Gegenteil des Gesagten gesagt werden dürfte, würde die Bestimmtheit der Sprache aufgehoben. Das entspricht nicht nur nicht der Intention der heiligen Texte, es führt zuletzt auch zu einer Selbstaufhebung. Es dürfte dann auch nicht einmal mehr gesagt werden, daß Gott ist. Dann entfiele also auch der Maßstab für angemessene und unangemessene Rede. (De pot. 7, 5)

Ein nicht zu unterschlagender Gesichtspunkt ist im übrigen, daß Thomas den ersten Grund der Wirklichkeit in Übereinstimmung mit nahezu der gesamten Tradition der Philosophie – allerdings mit der gewichtigen Ausnahme Plotins – als denkend versteht. Gott ist kein Gegenstand, sondern ein Wesen, das seinerseits und zugleich im höchsten Maße denkt. Die Begrenztheit liegt also nicht an einer sozusagen objektiven Undurchdringlichkeit, vielmehr an der Überhelle, die aber eine ähnliche Wirkung wie Dunkelheit hat. Wir verhalten uns in der Erkenntnis der ersten Gründe der Wirklichkeit, so sagt Thomas mit Aristoteles, wie der Nachtvogel zum Licht der Sonne. (ScG I, 3 [19])

Der Abstand zwischen Mensch und Gott ist nicht überbrückbar, aber er ist erkennbar. Die Erkenntnis dieser Differenz ist für Thomas der Gipfel menschlicher Gotteserkenntnis. Wenn er an vielen Stellen dergleichen zum Ausdruck bringt, dann muß man allerdings das Wort »Erkenntnis« wörtlich verstehen, denn Thomas meint gerade nicht ein abstraktes Räsonnement über den Unterschied zwischen Endlichem und Unendlichem, sondern die gehaltvolle Einsicht in die verschiedenen Formen und Gründe dieser Defizienz. Einige solcher Stellen lauten: »Nur dann nämlich erkennen wir Gott wahrhaftig, wenn wir glauben, daß er über all dem ist, was der Mensch sich von Gott denken kann.« (ScG I, 5 [30]) »Dies ist die höchste Erkenntnis, die wir von ihm in diesem Leben gewinnen können, daß wir erkennen, daß Gott über all dem ist, was wir von ihm denken.« (De ver. 2, 1 ad 9) Thomas faßt den Schlußpunkt menschlicher Bemühung um die Erkenntnis Gottes negativ. Es wird zwar eine bestimmte Erkenntnis erreicht, da jedoch die Reflexivität ein Konstituens geistiger Wesen ist, kann in der reflexiven Erkenntnis dessen, daß sich das Gesagte unaufhebbar defizient zu dem verhält, worüber man spricht, eben selbst eine Erkenntnis liegen.

Thomas' denkerische Leistung, durch die er verschiedene sachliche Erfordernisse in Einklang – und erst sekundär divergierende Traditionen zum Ausgleich – bringt, besteht also darin, der religiösen (und der philosophischen bzw. theologischen) Rede einen inhaltlichen Sinn belassen zu können, zugleich aber den Gesichtspunkt der Endlichkeit ohne jede Einschränkung ernst zu nehmen.

Doch ergibt sich nicht ungeachtet dessen aus der Perspektive des Redenden der Eindruck, daß diese Rede ein kümmerliches Unterfangen darstellt? Thomas zitiert nicht nur an einer Stelle das Wort Gregors des Großen[42], wonach wir nur stammelnd (balbutiendo) das Überragende Gottes zum Ausdruck bringen. (Sth. I, 4, 1 ad 1) Aber daß all die genannten Einschränkungen gleichwohl den Sinn des Unternehmens nicht aufheben, macht nun Thomas mit einer Analogie plausibel, die er der Aristotelischen Rechtfertigung des Nachdenkens über immaterielle Substanzen entnimmt. Aristoteles bemerkt mehrfach, daß Erkenntnisse über die höheren Substanzen nur ganz geringe sind. Und da im Falle der Himmelskörper nur wenige, allenfalls wahrscheinliche Lösungen zu erbringen seien, werde, so paraphrasiert Thomas, »dennoch hierbei dem Hörer eine große Freude (gaudium) zuteil. Aus all diesem ist ersichtlich, daß der Seele eine, wenn auch noch so unvollkommene, Erkenntnis von den vorzüglichsten Dingen die höchste Vollkommenheit verleiht.« (ScG I, 5 [32])

Die Erwägung, angesichts der enggezogenen Grenzen sogleich darauf zu verzichten, auch nur bis zu diesen vorzustoßen, kann also nicht überzeugen. Denn wenn diese Freude sich wirklich einstellt, dann muß es für sie einen Grund geben. Freude hat immer etwas mit der Erfüllung eines Strebens zu tun.

Das Problem der Gotteserkenntnis ist also nicht ausschließlich oder auch nur primär die sog. Gottesfrage. Das Fragen, auch das Warum-Fragen, basiert schon auf einem Streben des Menschen. Ohne dieses wäre ihm alles gleichgültig. Dies ist ein Streben nach Erkenntnis und ein Streben nach Glück. Das erste zeigt sich in der Dynamik der Warum-Frage: »Von Natur aus wohnt allen Menschen das Verlangen inne, die Ursachen dessen, was sie sehen, zu erkennen: daher begannen die Menschen am Anfang aus Verwunderung über das, was sie sahen, dessen Ursachen aber verborgen waren, zu philosophieren, fanden sie aber die Ursache, kamen sie zur Ruhe. Und die Untersuchung steht nicht still, bis sie zur ersten Ursache vorgedrungen ist: und ›vollkommen meinen wir dann zu wissen, wenn wir die erste Ursache erkennen‹ [Met. I, 3]. Der Mensch verlangt also von Natur aus die erste Ursache als sein gleichsam letztes Ziel zu erkennen.« (ScG III, 25 [2065])

Schon insofern der Mensch ein Lebewesen ist, ist ein Verzicht auf Präferenzen nicht möglich oder eben eine pathologische Erscheinung. Das Lebendige ist das Ende der Gleichgültigkeit. Der Mensch aber strebt – hier ist sich Thomas mit den antiken Philosophenschulen ebenso wie mit Augustinus einig – nach dem Glück. In diesem Glücksverlangen liegt zugleich ein Streben nach Gott, denn das Glück »hat eine Ähnlichkeit mit dem göttlichen Gutsein« (ScG I, 11 [70]). Da jedoch das Streben eines geistbegabten Wesens immer mit einer wenigstens minimalen Erkenntnis verbunden ist, gibt es in diesem Sinne eine natürliche Erkenntnis Gottes. Durch diese Verankerung im Streben des Menschen ist auch das Nachdenken über Gott nichts, was einfach zur Disposition gestellt werden könnte. Die Unabdingbarkeit dieser »Systemstelle« zeigt sich gerade an den Versuchen, das Göttliche durch anderes zu ersetzen. Denn dies ist nicht bloß falsch, sondern überläßt den Menschen seinem Unglück. Die Erkenntnis Gottes, die einige Kirchenväter in basaler Weise schon in der Natur des Menschen verankert haben, interpretiert Thomas als im Glücksstreben eingeschlossen, das sich zuletzt auf Gott selbst richtet, der also »in einer gewissen Unbestimmtheit« (sub quadam confusione) immer schon erkannt ist. (Sth. I, 2, 1 ad 1; De ver. 22, 2 ad 2)

Thomas spricht also nicht bloß von einer rationalen oder einer glaubenden Erkenntnis Gottes, er kennt auch eine Lehre von der konnaturalen Erkenntnis. Er lehnt zwar mit Aristoteles das Empedokleische Erkenntnisprinzip, wonach »Gleiches nur durch Gleiches« erkannt werde, ab (Sth. I, 84, 2; De ver. 2, 2; In De anima I, 4) – denn Erkenntnis setzt gerade das Anderssein des Erkennenden voraus –, doch gibt es eine Form der Erkenntnis, die nur auf Entsprechung beruht. Thomas kommt darauf im Zusammenhang praktischer Erkenntnis zu sprechen: Wer gerecht ist, »weiß« schon allein dadurch, was er zu tun hat.

Konnaturalität läßt sich folgendermaßen erläutern: Eine Tugend kann man zwar definieren, was es aber heißt, sie zu besitzen, weiß primär derjenige, der sie hat. Thomas selbst setzt dies in Parallele mit der Erkenntnis Gottes. (In De div. nom. II, 4 [191 f.])

Dieses kognitive Verhältnis auf der Basis der Entsprechung faßt Thomas als Weisheit. Er beruft sich auf den Hinweis des Dionysius, der von einem gewissen Hierotheus sagt, dieser sei in göttlichen Dingen vollkommen, aber nicht nur dadurch, daß er sie gelernt habe, sondern auch dadurch, daß er sie erlitten habe (Sth. I, 1, 6 ad 3; II-II, 45, 2), dadurch also, daß ihm das Göttliche widerfahren sei.

4. Der Mensch

Die Einheit von Leib und Seele

Erst im Raum der christlichen Theologie – nicht im manchmal überzogen progressivitätsverdächtigen Averroismus – haben sich innerhalb der Schöpfungslehre eigene Traktate *De homine* herausgebildet.[43] Wenn die *Summa theologiae* des Thomas von Aquin hier exemplarisch genommen werden darf: Nachdem Thomas die Lehre von den Engeln (geistigen Substanzen) und die über die körperliche Natur vorgetragen hat, behandelt er den Menschen, »der aus einem geistigen und einem körperlichen Wesen zusammengesetzt ist«. Dabei setzt Thomas mit der Lehre von der Seele des Menschen ein. Von Bedeutung ist hier, daß Thomas diese Vorrangstellung der Seele aus seiner Aufgabe der Theologie begründet, andere Disziplinen also durchaus einen anderen, nicht weniger legitimen Blickwinkel einnehmen; denn nur für die Theologie gilt, daß der Körper des Menschen einzig insoweit von Belang ist, als er in Bezug zur Seele steht. (Sth. I, 75)

Gleichwohl kann man bei Thomas von einer »Aufwertung« des Leiblichen reden: Ist es die Pointe der Platonischen Anthropologie gewesen, den Menschen mit seiner Seele zu identifizieren, so stemmt sich Thomas dagegen: »homo non est anima tantum.« (Sth. I, 75, 4)[44] Die Seele ist als Seele Form und daher auf den Leib als ihre »Materie« hingeordnet. Sie ist deshalb unmöglich ohne diesen vollkommener. Nur als Denkvermögen erhält sie eine gewisse Unabhängigkeit, da Denken anders als Wahrnehmen, so Thomas, nicht organgebunden ist.

Innerhalb der mittelalterlichen Anthropologie besteht die Besonderheit der Lehre des Thomas darin, daß er der bestimmbaren Materie im Menschen einzig die Geistseele gegenüberstellt. Wenn der Mensch, wie es die franziskanische Tradition des 13. Jahrhunderts behauptet hat, durch eine Mehrheit von Formen bestimmt wäre, würde die Einheit des Menschen nicht als eine wesentliche aufgefaßt werden können. Die »anima intellectiva« hat daher alle anderen (vegetativen, sensitiven) seelischen Funktionen mitzuvermitteln. Die Einheit von Leib und Seele ist in der komplementären Entsprechung von Form und Materie intensiver gedacht als in der Theorie der Formenpluralität.

Von dieser Formbeziehung der immateriellen Vernunft abgesehen, ist es methodisch von großer Bedeutung, daß diese Weise von Materialität nicht sozusagen analogielos einem Prinzip der Formbarkeit gegenübersteht, sondern in ihren Leistungen und Grenzen gegen den engelhaften und den göttlichen Intellekt abgegrenzt wird.

Die tiefgreifendste Differenz des Thomasischen Denkens im Verhältnis zum platonisch-augustinischen liegt in der Anthropologie. Der Mensch ist nicht nur die Seele. Der Mensch wird bei Thomas als eine Einheit von Leib und Seele gedacht. Dies ist dann möglich, wenn die beiden Elemente nicht wieder eine dingliche Wirklichkeit meinen, sondern einander entsprechende, weil komplementäre Prinzipien. Hier markiert Thomas einen Unterschied zur Tradition des Augustinismus, der auch dem Leib eine gewisse Selbständigkeit zugeschrieben hat, insofern er von einer eigenen Form des Leibes ausging. Das unterminiert jedoch nach Thomas die substantielle Einheit des Menschen. Wenn die Einheit von Leib und Seele bloß temporärer oder doch zufälliger Natur wäre, wäre sie nicht eigentlich zu verstehen. Man könnte sie allenfalls im weitesten Sinne praktisch verstehen: als Folge einer ursprünglichen Schuld; dies haben Platon, Origenes und Eriugena getan. Ein demgegenüber natürliches, d.h. für die Phänomene und Erfahrungen des Lebens offenes Verständnis muß an der jeweiligen Wesensverfassung ansetzen. Dies hat Thomas getan und es auf die Formel gebracht: Die Seele ist Form des Körpers, und zwar eben die *einzige* Form des Körpers: »Obwohl die Seele ehrwürdiger als der Körper ist, wird sie ihm dennoch als Teil des ganzen Menschen vereint, was in gewisser Weise ehrwürdiger ist als die Seele, insofern es nämlich vollständig ist.« (Sent. III d. 5, 3, 2 ad 5) Eines der gewichtigsten Argumente, auf das wir im folgenden zurückkommen werden, ist aus der Erkenntnis genommen: Der Anfang des Denkens liegt im Wahrnehmen.

Das 13. Jahrhundert ist auch insofern für die Geschichte der Anthropologie von großer Bedeutung, als hier erstmals der Begriff der Person in großem Umfang für die Reflexion über den Menschen verwendet wird. Kennzeichnend für die vorlockesche Personkonzeption ist, daß Personalität bei Thomas nicht am Selbstbewußtsein, sondern an der Vernünftigkeit eines Individuums festgemacht wird. Zum Begriff der Person gehört nach Thomas eine bestimmte Wesenheit und zugleich eine bestimmte Weise des Existierens. In beiden Hinsichten meint »Person« etwas im höchsten Maße Vollkommenes: eine geistige Wesenheit und etwas, was durch sich existiert. (De pot. 9, 3) Als Person ist der Mensch nicht mehr Teil eines Ganzen – sei es einer Tradition, eines Staates oder der Natur: »Der Begriff des Teiles widerspricht dem Begriff der Person.« (Sent. III d. 5, 3, 2)[45]

Die Individualität des Intellektes

Eine Tradition des sog. Averroismus hat sich merkwürdigerweise nicht in Spanien, sondern nur im lateinischen Westen entfaltet. Eines ihrer Merkmale ist die Lehre, daß es nur einen einzigen Intellekt für alle Menschen gebe. Um die Diskussion über den Status des menschlichen Verstandes im Mittelalter zu verstehen, ist es unabdingbar, von zwei Grundvoraussetzungen auszugehen, die hier nicht eigens argumentativ eingeholt werden können. Diese lauten:

1. Die Vernunft des Menschen ist nicht die einzige Weise, in der in der gesamten Wirklichkeit Geist vorkommt. Es gibt mit anderen Worten noch anderes Seiendes, das geistig, und d.h. ontologisch formuliert, immateriell ist. Das Mittelalter redet vom Intellekt des Menschen, der Engel und Gottes (intellectus divinus).

2. Diese immateriellen, also geistigen Instanzen kommen nicht einfach beziehungslos in der Wirklichkeit vor – Geist ist ja selbst wesentlich die Konstitution von Beziehung –, sondern stehen in einem hierarchischen Verhältnis zueinander. Sie realisieren dasjenige, was es heißt, Geist zu sein, in verschieden hoher Form – bis dahin, wo von reinem Geist gesprochen werden muß. Die Beziehung ist aber nicht nur eine ontologisch-hierarchische, sondern auch eine tätige. Wenn Gott als schöpferischer Ursprung der Wirklichkeit dieser auch immanent ist, dann gilt diese Immanenz für den menschlichen Geist in besonderer Weise. Es ist deshalb dem Mittelalter insgesamt selbstverständlich, von der Einflußnahme oder doch der Teilhabe der niederen und unvollkommeneren Formen von Geist an den höheren zu reden.

Nun gehört zum Geist (als Verstand) wesentlich das Vermögen der Identifizierung. Wissen in einem strengen Sinne ist gar nicht denkbar, wenn es nicht möglich ist, heute denselben Gedanken wie gestern zu denken. Dabei ist es keine Frage der Option, ob man den Begriff des Wissens so streng fassen möchte oder nicht. Platon hat zunächst auf die Mathematik verwiesen. Zumindest diese Disziplin, für Platon aber sicherlich nicht nur diese, kennt streng identische Gehalte. Diese Identität besteht jedoch nicht allein quer zur Zeit, sondern auch zwischen mehreren Individuen. Es ist prinzipiell möglich, daß zwei Menschen denselben Gedanken denken. Für den klassischen Wissensbegriff ist die darauf beruhende Intersubjektivität, in der also die individuellen und sozusagen privaten Differenzen zwar nicht negiert, wohl aber stark relativiert werden, von unverzichtbarer Bedeutung.

Die Allgemeinheit stellt sich nicht bloß über die mögliche Identität von Bedeutungen und konzeptionellen Gehalten her, sondern auch über die von zutreffenden Urteilen. Sofern eine Aussage wahr ist, ist sie für alle Zeiten wahr und d.h. auch für alle, welche diese Wahrheit zu realisieren vermögen. Wenn der Verstand ein Vermögen zu überzeitlicher und besonders zu überindividueller Identität ist, dann drängt sich die Frage auf: Wie ist das möglich? So wie wir eben den Sachverhalt eingeführt haben, drängt sich zugleich eine bestimmte Richtung auf, in welcher man die Antwort suchen könnte. Das Vermögen zu solcher überindividuellen Identität – wie sollte es anders denkbar sein als dadurch, daß man auch diesem Vermögen selbst Überindividualität zuschreibt? Diese These hat Averroes und der an ihn anschließende lateinische Averroismus – aber, wie gesagt, dies ist ein Pleonasmus – in der Tat vertreten. Vielleicht kommt uns heute diese Theorie vom »einen Intellekt« absurd vor. Doch selbst die ganz knappe Betrachtung jener Sachverhalte sollte gezeigt haben, wie eine solche Theorie aufkommen und plausibel erscheinen kann. Man muß sich also davor hüten, dies nur für eine orientalische Absonderlichkeit zu nehmen. Im übrigen sei nur daran erinnert, daß die Rede vom Ich im deutschen Idealismus zuletzt gerade nicht das individuelle, das sog. empirische Ich meint. Interessanterweise hat Herder Kants Lehre vom »Bewußtsein überhaupt« als eine Rückkehr des Averroismus bezeichnet.

Es sei noch ein weiteres Argument in aller Kürze angefügt: Der Verstand ist das Vermögen der Begriffsbildung. Begriffe sind aber allgemeiner Natur. Der Begriff »Pferd« umfaßt eine völlig unbestimmte und möglicherweise unendliche Zahl von einzelnen Pferden. Dies deshalb, weil der Begriff des Pferdes überhaupt von den individuellen Eigenschaften absieht. Meister Eckhart konnte nicht genug darüber staunen, wie das möglich ist: Es gibt in der Welt nur einzelne Pferde, und doch kann unser Verstand sich so darauf beziehen, daß er von allen individuellen Zügen und auch von räumlichen und zeitlichen Bestimmungen abstrahiert. Der Intellekt muß hier etwas trennen, was real so unauflöslich ist, daß seine Trennung auch die Realität aufhöbe. Nun beruhen nach der Lehre des Aristotelismus die individuellen Differenzen auf der Materie. Wenn also der Verstand als Vermögen der Allgemeinheit selbst nicht materiell sein kann, Materialität aber das Prinzip der Individuation darstellt, kann sich der Intellekt nicht individualisieren. Wohlgemerkt: Verstand hat hier nicht den Sinn, in dem ihn die Denkpsychologie nimmt. (Psychologisch betrachtet, muß man zweifellos von individuellen Unterschieden reden: Auffassungs- und Kombinationsgabe, Abstraktionsvermögen, Talent zur Veranschaulichung etc.) Damit soll nun der Versuch, die Lehre vom »unus intellectus« wenigstens ansatzweise plausibel zu machen, sein Bewenden haben. Die verschlungenen Überlegungen, mit denen Averroes sich die Teilhabe der Menschen an diesem Intellekt zurechtgelegt hat, übergehen wir.

Wir können an dieser Stelle auch nicht das Aufkommen des lateinischen Averroismus nachzeichnen. Wichtig ist hier vielmehr, wie Thomas von Aquin darauf reagiert hat. Denn wenn es auch plausible Gründe für die Annahme eines einzigen Intellektes geben mag, die Gründe, warum uns dies völlig abwegig erscheinen mag, sind doch nicht weniger ernst zu nehmen. Es ist offenkundig darin unmittelbar das Selbstverständnis des Menschen tangiert. Wir sehen uns als denkende Wesen. Wenn dies bestritten wird, dann ist die Frage, worauf man sich für die Rechtfertigung dieser elementaren Erfahrung noch berufen können sollte. Sind also nicht wir es, die denken? Der Satz: »Es denkt in mir«, den man aus den Aphorismen Lichtenbergs, aber auch aus Schellings Schriften zitieren könnte, findet sich in kritischer Weise schon beim späten Siger von Brabant, einem der bekannten Vertreter des frühen Averroismus.[46]

Bei solchen Fragen sind wir natürlich sehr geneigt, uns an dem festzuklammern, was wir ohnehin schon für wahr halten. Aber es ist nicht von der Hand zu weisen, daß beim Denken nicht erst im Resultat allgemeine Gehalte und allgemeine Ansprüche auftreten. Gehorcht das Denken allgemeinen Gesetzen, Prinzipien, die ihm zwar gegenwärtig sind, die aber als allgemeine nicht exklusiv aus ihm selbst stammen können? Augustinus hat beispielsweise sehr eindrucksvoll in seinem Werk *De magistro (Über den Lehrer)* zu zeigen versucht, daß das Allgemeine sogar zu den Prinzipien des Denkens und Sprechens gehört: Mit unseren Worten verweisen wir auf etwas, geben wir Zeichen. Wenn jemand ein Wort nicht versteht, gebrauchen wir andere, um dieses zu erläutern. Ein Zeichen wird demnach immer durch ein anderes erläutert. Da es unmöglich ist, daß dies ins Unendliche fortgesetzt werden kann, da es aber ebenso unmöglich ist, etwas zu verstehen, wenn man nicht schon irgend etwas verstanden hat, nimmt Augustinus einen inneren Lehrer an. Gott ist als Lichtquelle im Innersten des Geistes präsent.

Der Wappenspruch der Universität Oxford lautet ganz augustinisch: Dominus illuminatio mea. Eine solche Lichtmetaphorik stellt sich nicht zufällig ein. Auch Aristoteles und ebenso Averroes haben von dem Licht gesprochen, das der Verstand selbst ausstrahlt: Unsere Wahrnehmung geschieht nur »im Lichte« allgemeiner Begriffe. (De an. III, 5; 430a 14-17) Da aber Licht keine individuelle Entität ist, sondern die allgemeine Verfassung der Helligkeit, also Sichtbarkeit und Erkennbarkeit meint, war dies nur ein weiterer Anlaß, das individuelle und im strikten Sinne unvertretbare Moment an der Erkenntnis zu relativieren. Natürlich hat Augustinus nicht die Individualität des menschlichen Geistes in Frage gestellt. Doch auch er hat von Gott gesagt, er sei ihm »innerlicher als mein Innerstes«[47]. Der oben zunächst versuchte Rückzug auf die Erfahrung meiner selbst bietet also keinen weiterführenden Ausweg.

Um die Grenzlinien nicht zu verwischen: Augustinus und damit die maßgebende Tradition der abendländischen Theologie haben eine atheistische Erkenntnistheorie für unmöglich erachtet. Alle wahre Erkenntnis beruht auf der Einstrahlung des göttlichen Lichtes. Aber es bin gleichwohl ich, der denkt. Nach Auslegung seiner Kritiker hat Averroes ebendies bestritten. Averroes und seine Anhänger haben zugleich die Lehre des Aristoteles zu erläutern beansprucht. Damit wäre in den Augen des Thomas eine weitere Diskreditierung des peripatetischen Denkens verbunden. Wir können hier nicht die aufwendigen exegetischen Bemühungen des Thomas referieren, die darauf hinauslaufen, daß Averroes nicht der zuverlässige »commentator«, sondern der »philosophiae peripateticae depravator«, der »Verunstalter des Aristotelismus« ist. (De unit. intell., 2) Der in diesem Kampf – ein beliebtes Motiv bei Thomas-Darstellungen –

entwickelte argumentative Druck vermochte Siger von Brabant durchaus zu einem Positionswechsel zu bewegen.

Doch kehren wir zu der Frage zurück: Welchen Einwand, der wirklich verfängt, kann man dagegen geltend machen? In einem gewissen Sinne bleibt nichts anderes als die Selbsterfahrung: Ich bin es, der denkt. Es gibt kein allgemeines Prinzip, aus dem dies folgt. Wenn jemand im Ernst meint, sein eigentliches Denken gehöre nicht zu dem, was er selbst ist, dann ist ja auch seine Zustimmung oder Ablehnung aller vorgebrachten Argumente nicht die seine. Man kann also gegen jemanden, der meint, Widersprüchliches könnte zugleich wahr sein, nicht so argumentieren, daß man das Gegenteil begründet, sondern nur so, daß man die absurden Konsequenzen vorführt, die aus der These folgen. Man muß dem Menschen ja nicht nur Handlungen und Absichten zurechnen, sondern auch sein Denken. Thomas sagt ebenso schlicht wie schlagend: Hic homo intelligit[48] – es ist der einzelne Mensch, der denkt, der etwas versteht, und es ist ebenso auch der einzelne, der irrt. Die averroistische Theorie vom einen Intellekt kann den Unterschied von Menschen, die eine bestimmte Kompetenz haben, und solchen, denen sie fehlt, nicht erklären, sie ist gezwungen, ihn zu leugnen. In der Absicht, die Allgemeinverbindlichkeit der Wahrheit begründen zu wollen, wird der Unterschied von wahr und irrig gerade aufgehoben.

Damit aber ist das Zentrum dessen bedroht, was den Menschen auszeichnet. Denken ist ja nicht irgendeine Tätigkeit des Menschen, sie ist vielmehr diejenige, die nach klassischer Lehre der Philosophie von Platon bis Hegel sein Wesen konstituiert. Denken, Verstehen ist die eigentümliche Tätigkeit des Menschen. Wenn also das Denken ein vom Menschen getrennter, anonymer Prozeß wäre, wäre der Mensch gerade in dem, was sein Eigenstes ist, von einem äußeren Prinzip abhängig. »Der

Mensch brächte also dann nicht sich selbst zum Handeln, sondern würde von einem anderen zum Handeln gebracht. Und daher wäre er nicht Herr seiner Handlungen.« (ScG II, 76 [1579]) Abgesehen von den dahinterstehenden Motiven für derartige Behauptungen, scheint es ein objektiv zutreffender Befund, daß die Zuschreibung von Handlungen einerseits für das menschliche Zusammenleben konstitutiv ist – wie wäre sonst Pädagogik oder Rechtsprechung möglich? –, andererseits ebendiese Imputabilität nicht unter beliebigen Bedingungen als möglich gedacht werden kann. Erst Kant hat dann die Zuschreibung des Denkens an den Denkenden aus dem Begriff des Denkens zu begründen gesucht, wenn er sagt, daß das »Ich denke« alle meine Vorstellungen begleiten können muß. Immerhin geht Thomas so weit, die Erkenntnis der Wahrheit auch durch die Teilhabe an einem ebenso übermenschlichen wie überindividuellen Licht festzumachen.[49] Aber als einzelner Akt ist dieser doch Sache des einzelnen. Das wird am Phänomen des Irrtums nur besonders deutlich sichtbar. Durch diese Diskussion wird ersichtlich, daß sich die Wertmaßstäbe nicht durchhalten, an denen dann konkurrierende Theorien gemessen werden. Averroes hat die Lehre von der Einzigkeit des Intellektes ja keineswegs als Herabsetzung des Menschen gemeint. Gerade umgekehrt sollte im Ausgang von ausweisbaren Sachverhalten gezeigt werden, daß der Mensch an einem nicht nur überindividuellen, sondern sogar kosmischen Vermögen teilhat. Er will also durchaus an die alte Tradition anschließen, wonach der Intellekt der »Gott in uns« ist. Thomas bestreitet aber die Tragfähigkeit der Begründungen. Die Fähigkeit zu Allgemeinheit – allgemeine Bedeutung, allgemeingültiges Urteil – schließt eine separate und insofern allgemeine Existenz dieser Fähigkeit einfach nicht ein. Daß die Wahrheit eine ist, besagt nicht, daß sie nicht von mehreren erkannt werden könnte. Als endliche Kraft bleibt natürlich auch für Thomas der Intellekt auf die Kooperation durch den göttlichen Verstand angewiesen. Wenn man jedoch das Denken aus seiner Verortung in der menschlichen Seele herausnimmt und verselbständigt, dann nimmt man zugleich dem Menschen seine ihn auszeichnende Fähigkeit, kraft der er zur Selbständigkeit imstande ist. Primär aus diesem Grunde sieht Thomas von Aquin in jener Lehre eine gefährliche Herabsetzung des Menschen. Die Würde des Menschen schließt ein, auch seine individuelle Selbständigkeit zu würdigen.

Die Kraft des Denkens

Wie die klassische Tradition Platons und Aristoteles versteht auch Thomas das Denken als etwas, was zum Lebensprinzip des Menschen gehört. Partikulare Erfassung von Wirklichkeit gibt es auch im Tierreich. Das Schaf erfaßt den Wolf, vor dem es dann die Flucht ergreift, und umgekehrt erfaßt der Wolf das Schaf, mit dem er seinen Hunger zu stillen sucht. Aber wie muß man es denken, daß die Seele Dinge als solche erfaßt – nicht notwendig vollständig eingelassen in eine bestimmte Situation der Gegebenheit?

Zu dem, was man später Geist genannt hat, rechnet Thomas zwei Funktionen: das intuitive Erfassen von Denkprinzipien und die diskursive Leistung des Vergleichens, Schlußfolgerns. Dies sind nicht zwei unterschiedliche Vermögen, aber zwei unterschiedliche Leistungen.

Die Kraft zu erfassen, daß aus etwas etwas anderes folgt, daß zur Behauptung von etwas etwas Bestimmtes vorausgesetzt werden muß, diese Kraft steht nicht autonom. Sie bedarf Prinzipien, die nicht ihrerseits wieder eines Beweises bedürftig sind.

Diese Prinzipien sind dem Menschen, so sagt Thomas immer wieder, »von Natur aus« gegeben. Alle argumentative Vermittlung beruht auf einer Unmittelbarkeit. So wie man bei einer Behauptung fragen kann, warum sie besteht, kann man auch bei der dann gegebenen Begründung wieder fragen: warum denn aus A B folge. Dies kann man so lange wiederholen, bis man auf Prinzipien stößt, die schlechterdings evident sind. So heben widersprüchliche Prädikate den Sinn des Argumentierens selbst auf. Die Evidenz ergibt sich aus der Bekanntheit der verwendeten Termini. Daß, um ein von Thomas oft gebrauchtes Beispiel aufzugreifen, das Ganze mehr ist als eines seiner Teile, ergibt sich nicht aus einem weiteren Argument, sondern unmittelbar aus dem, was mit den Begriffen »Ganzes« und »Teil« gemeint ist. Er sieht keine Veranlassung, den Umfang dieses Kataloges erster Prinzipien einzugrenzen und das Verhältnis dieser Prinzipien zueinander genauer zu bestimmen. Es kommt ihm einzig darauf an, daß es solche Prinzipien gibt. Sie bilden auf der Ebene des Urteils das genaue Pendant zu den Elementarbegriffen, die ebenfalls nicht mehr weiter analysiert werden können. Die Erstrangigkeit dieser Prinzipien hängt sogar an jenen, denn sie bilden deren Thema.

Die Funktion des Intellektes

Wir haben schon darauf hingewiesen, daß es zu den wichtigsten Voraussetzungen der Thomasischen Intellektlehre gehört, daß der menschliche Verstand im Zusammenhang mit anderen Stufen des Geistes erörtert werden kann. Die Schwierigkeit, die alle Theorien des Geistes zu bewältigen haben, ist: Wie kann eine Aussage über den Geist verifiziert werden? Durch Introspektion? Und wie kann man sicher sein, daß die Theorie wirklich die *menschliche* Form von Verständigkeit wiedergibt? Die mittelalterlichen Intellekttheorien laufen im allgemeinen eher Gefahr, die menschliche Geistigkeit zu über- als zu unterschätzen. Aber natürlich kann es nicht darum gehen, möglichst hochstehende oder möglichst demütigende Aussagen zu machen. Dies sind eigentlich gar keine sachlichen, sondern eher weltanschauliche Kategorien. Sie sind keinesfalls die des Thomas, aber nicht selten die seiner Interpreten. Die Schwierigkeit zeigt sich schon darin, daß Thomas, wenn man schon einmal hypothetisch damit arbeiten wollte, es mit Theorien zu tun hat, die an beiden Schwierigkeiten laborieren.

Die Augustinische Lehre hat dem menschlichen Geist (mens) eine grundlegende und gegenüber allen leiblichen Funktionen völlig unabhängige Verstehenskraft zugeschrieben. Thomas korrigiert dies, so wie auch Aristoteles Platon korrigiert hatte: Damit werden bestimmte Phänomene unverständlich. Es hat für das Verstehen, für die Leistungskraft des Menschen Folgen, wenn ein Mensch blind geboren ist. Wäre der Verstand in jedem Sinne völlig autark, dürfte dieser Fall gar nicht eintreten.

Der Verstand ist also auf die Sinne angewiesen. Nicht zufällig verhelfen Veranschaulichungen zum Verstehen: »Dies kann jeder bei sich selbst erfahren, daß er, wenn er versucht, etwas zu verstehen, bei sich gewisse Vorstellungsbilder in der Form von Beispielen formt, in denen er gleichsam mustert, was er zu erkennen strebt. Daher kommt es auch, daß, wenn wir einem anderen etwas verständlich machen wollen, wir ihm Beispiele geben, durch die er sich Vorstellungsbilder zum Verstehen bilden kann.« (Sth. I, 84, 7) Ohne Wahrnehmung aber keine Bilder. Die Kraft des Verstehens ist zwar als solche unabhängig von den Wahrnehmungsleistungen der Sinne. Sie kommt jedoch gar nicht in Tätigkeit, wenn sie nicht kraft dieser Wahrnehmungen sich auf einen Inhalt beziehen kann. Als solcher ist der Verstand nach dem berühmten Wort des Aristoteles eine »leere Tafel«. (De an. III, 4; 430a 1) Daher die gleichsam axiomatische Festsetzung des Thomas: Alle Erkenntnis beginnt bei den Sinnen. Ähnlich wird es auch Kant wieder formulieren. Aber wenn dieser dem Verstand lediglich die formale Leistung bestimmter Synthesisoperationen zuschreibt, so ist doch bei Thomas das Denken noch ganz vorcartesianisch als ein Vermögen der Seele verstanden. Der Verstand hat also – und er kann dies, insofern er eben Form ist – auch die Sinneswahrnehmungen zu prägen. Zwar kann Thomas immer wieder mit Aristoteles sagen, daß die Sinne auf das Einzelne gehen, der Verstand hingegen auf das Allgemeine. Doch muß ganz ernst genommen werden, daß der Verstand nicht nur über Formen verfügt, sondern selbst eine Form ist. Daher findet Thomas zu solch erstaunlichen Aussagen wie: »Der Verstand setzt sich in den sinnlichen Kräften fort.« (De ver. 10, 5)[50]

Dieser im Vergleich mit der augustinischen Tradition größeren Abhängigkeit und Verzahnung des Verstandes mit den anderen Seelenkräften korrespondiert gerade bei Thomas eine Verselbständigung gegenüber dem Ursprung des menschlichen Geistes. Wie Augustinus ist auch Thomas der Überzeugung, daß sich die Kraft, etwas zu erkennen, sich etwas trotz räumlicher Abwesenheit zu vergegenwärtigen, nicht von selbst versteht. Diese verdankt der Mensch dem göttlichen Geist. Aber Augustinus hat darüber hinaus zeigen wollen, daß die Erkenntnis von Wahrheit sich nicht menschlicher Belehrung verdankt. Das schließt natürlich eine grundsätzliche Beeinträchtigung der Selbständigkeit des Menschen ein. Im 13. Jahrhundert verknüpft sich dies noch mit anderen, aus dem islamischen Kulturkreis kommenden Theoremen, wonach eigentlich nur immaterielle Wirklichkeit etwas zu bewirken vermag; nur Geistiges sei aktiv, das Materielle reine Passivität.[51]

Thomas sieht in dem Vermögen, etwas bewirken zu können, das wichtigste Kennzeichen für die Eigenständigkeit von Dingen. Die Kausalität, die Wirkkraft, ist daher konstitutiver Bestandteil der Schöpfung: Gott gab den Dingen ihr Sein und ihre Wirksamkeit. Dies gilt allgemein für alle natürlichen Dinge, es gilt aber in einer besonderen Weise auch für die Erkenntniskraft des Menschen. Das Ereignis, wirklich etwas zu verstehen, in einen bislang dunklen Sachverhalt eine Einsicht zu gewinnen, ist zwar auch für Thomas in spiritueller Hinsicht ein Geschenk Gottes. Weder für Gedanken noch für Einsichten gibt es zureichende Vorbedingungen im Bewußtsein des Menschen. Thomas vollzieht daher ganz selbstverständlich die Praxis, um Einsicht zu beten. Er verwirft aber die Theorie, jede Einsicht sei ausschließlich einer unmittelbaren Erleuchtung durch Gott zu verdanken. Denn um die Notwendigkeit einer solchen Illumination theoretisch erweisen zu können, muß man eine ziemlich skeptische Einschätzung des menschlichen Verstandes vorantreiben. Eine solche entspricht aber nicht den Tatsachen. Der Verstand des Menschen verfügt über Prinzipien, die er zwar – ausdrücklich! (Sth. I, 18, 3) – nicht selbst konstituiert hat, die es jedoch erlauben, zu definitivem Wissen zu gelangen. So bedeutet etwa die Berufung auf das Prinzip des Widerspruchs, daß im Argumentieren die Alternative von Notwendigkeit und Unmöglichkeit eröffnet wird. Aber selbst dies ist kein offen zutage liegender Schatz von Prinzipien. Denn auch wenn wir uns im Denken immerfort darauf berufen – daß es diese Prinzipien gibt und wie sie zu formulieren sind, ist seinerseits wieder eine Erkenntnis, die der Ausgangsbedingung aller Erkenntnis genügen muß: dem Beginn bei den Sinneswahrnehmungen. (Sth. I, 12, 12)

Thomas bestreitet also nicht, daß das Licht des Verstandes zuletzt auf ein göttliches Licht zurückgeht; denn jene Prinzipien kann der Mensch nur in Anspruch nehmen, nicht hingegen konstituieren. Er selbst kann daher ihr Grund nicht sein. Thomas hat damit jener Verknüpfung von Skeptizismus und Fideismus vorbeugen wollen, wie sie für einige Zeit dann gleichwohl herrschend geworden ist. Erkenntnis hat wesentlich mit allgemeinen Strukturen zu tun. Schon bei der simpelsten Begriffsbildung – dies ist ein Soundso – muß ein Vergleich stattgefunden haben. Dessen Funktion ist es, gemeinsame von unterschiedlichen Merkmalen seinerseits wieder zu unterscheiden und hervorzuheben. Dies ist jedoch nach Thomas kein der Wirklichkeit gegenüber völlig fremder Prozeß, da die Natur ja durch allgemeine Merkmale bestimmt ist. Von Grenzfällen abgesehen, ist eine Zuordnung der Dinge zu bestimmten Arten möglich. (Und selbst wenn wir uns bei dieser Klassifikation täuschen, ist doch der Vorgang immer derselbe.) Aber »es gibt« eben nur Pferde, nicht aber das Pferd im allgemeinen, die allgemeine Pferdheit. Gleichwohl beruht der Begriff des Pferdes nicht auf einer gänzlich willkürlichen Zusammenstellung irgendwie ähnlich anmutender Merkmale, sondern auf wesentlichen Strukturen, die wissenschaftlich beschreibbar und in ihrem Zusammenhang verständlich zu machen sind. Was dem Menschen in seiner Wahrnehmung jedoch begegnet, sind einzelne Pferde. Diese sind Variationen dessen, was ein Pferd überhaupt ausmacht. Thomas ist weit entfernt davon, dem Menschen eine Art unmittelbare Einsicht in das Wesen der Dinge zuzuschreiben. Immer wieder hält er fest, daß der Mensch die wesentlichen Unterschiede der Dinge nicht erkennen kann. (In De an. I, 1 [15]; De spir. creat. 11 ad 3; De ver. 4, 1 ad 8; 10, 1) Der Weg, der dieses Manko einigermaßen zu kompensieren vermag, verläuft über äußere Merkmale. Da diese aber in einer Einheit mit ganz zufälligen Eigenschaften gegeben sind, bedarf es einer eigenen geistigen Leistung, die in ihrer Allgemeinheit besonderen Kennzeichen hervorzuheben. Diese Hervorhebung allgemeiner Merkmale nennt Thomas Abstraktion. Sie ist eine Leistung des Verstandes. Die Allgemeinheit, die in der realen Gegebenheit der Wahrnehmung mit anderen individuellen und ganz zufälligen Merkmalen verbunden ist, muß also eigens hervorgehoben werden: »Der Verstand gibt den erkannten Formen die Allgemeinheit, insofern er sie von den materiellen und individualisierenden Prinzipien *abstrahiert.*« (De an. 2 ad 6) Thomas insistiert jedoch darauf, daß nicht die Individualität als solche der Erkenntnis unzugänglich ist, sondern die Unbestimmtheit, die mit dem Prinzip der »materia« gegeben ist. Das Unbestimmte kann nicht durch Erkenntnis bestimmt werden; es würde dadurch gerade verändert, statt erkannt zu werden. (De an. 2 ad 5; De unit. intell. 5; Sth. I 14, 1)

Thomas unterscheidet daher zwei Formen der Abstraktion. Zum einen die geläufige Weise der »Verallgemeinerung«: Ein gegebenes konkretes Ding wird lediglich hinsichtlich seiner allgemeinen Merkmale aufgefaßt oder betrachtet. Einen Menschen muß ich nicht als Menschen oder als meinen Nachbarn ansehen; er ist auch Lebewesen oder gar bloß ein physikalischer Körper. Die andere Weise der Abstraktion ist diejenige, auf die es Thomas hier ankommt: die Heraushebung der wesentlichen Merkmale dadurch, daß von den zufälligen Varianten abgesehen wird. Die universalisierende Abstraktion läßt von dem, mit Bezug worauf etwas abstrahiert wird, sozusagen nichts übrig. Wenn wie im obigen Beispiel ein Mensch nur als Lebewesen betrachtet wird, dann wird im Begriff des Lebewesens eben nur das gedacht, was zu einem Lebewesen gehört. Gewiß kann man sagen, daß ein Lebewesen möglicherweise ein Mensch ist. Doch da dies ganz unbestimmt ist, kann er aus dem Begriff nicht herausgeklaubt werden. Daß es Menschen gibt, kann man nicht dem Begriff »Lebewesen« entnehmen, sondern eben nur der Wahrnehmung. Aber wenn Menschen gegeben sind, dann muß man sie unter den Begriff des Lebewesens subsumieren. Die andere, nennen wir sie Formabstraktion – Thomas pflegt für derlei keine eigene Bezeichnung zu erfinden, er benennt sie konkret nach dem Vorgang –, hat hingegen eine Eigentümlichkeit, auf die Thomas sichtlich Wert legt. Wenn ich im Hinblick auf eine geometrische Figur den Begriff des Kreises bilde, dann bleibt dasjenige im Gedanken erhalten, wovon ich abstrahiert habe. (Sth. I, 40, 3) Die Verallgemeinerungsabstraktion führt also auf je inhaltsärmere Begriffe; mit »Lebewesen« ist weniger gesagt als mit »Mensch«. Die Formabstraktion hingegen führt überhaupt erst zu einem gehaltvollen Begriff, da sie von irrelevanten Bestimmungen absieht.

Der Verstand bezieht sich aber nicht unmittelbar auf die äußere Wirklichkeit. Wenn dem so wäre, würde das Prinzip der grundsätzlichen Wahrnehmungsgebundenheit aller Erkenntnis verletzt. In der Wahrnehmung wird ein Bild des Gegenstandes erzeugt; Thomas nennt das mit dem griechischen Ausdruck ein Phantasma. Dies ist es, was mit dem Verstand korreliert: »Die Vorstellung bezieht sich auf den möglichen Verstand wie das sinnlich Wahrnehmbare auf den Sinn.« (De an. 2) Gerade diese Verwiesenheit des Intellekts macht ihn zu einer dem Menschen innewohnenden Kraft und unterscheidet ihn von Wesen, die reiner Geist sind. Aber jener Vergleich gilt nur in bestimmter Hinsicht. Der Verstand erkennt nicht die intelligiblen Formen als solche, vielmehr sind diese Prinzip seines Erkennens; sie sind das, wodurch (quo) der Verstand erkennt. Der Objektstatus der Formen gilt nur für den Grenzfall, daß sich der Verstand reflexiv auf sein Erkennen der Objekte richtet. Dieser Grenzfall muß jedoch möglich sein, denn anderenfalls wäre eine Theorie der Erkenntnis selbst gar nicht möglich.

Dies soll uns noch zu einem letzten Problemkreis innerhalb der Lehre von der Seele Erkenntnis führen. Die Frage nach der

Weise der Selbstgegebenheit ist nämlich ebenfalls geeignet, die Eigenart des Thomasischen Denkens gegen seine historischen Alternativen abzuheben. Thomas hat mehrfach die Frage aufgeworfen, ob sich die Seele selbst wesentlich erkennt. Augustinus hat in seinen großartigen Analysen des Geistes den Primat ganz auf die internen Relationen des Bewußtseins gelegt. Wir erinnern uns nicht nur an etwas, sondern auch unserer Erinnerung; denn beim Hören des Wortes muß etwas herbeigebracht werden, was nicht gegenwärtig ist, nämlich die Bedeutung. Also muß die »memoria« schon funktionieren, wenn man auch nur das Wort vernimmt. Ebenso ist das Erkennen nicht bloß auf äußere Gegenstände gerichtet, sondern zugleich immer schon auf sich selbst. Anderenfalls könnte das Erkennen gar nicht als das eigene identifiziert werden. Aber von welcher Art und Tragfähigkeit ist nun diese Selbstgegebenheit genau?

Thomas unterscheidet verschiedene Typen dieses Gegebenseins: Zum einen kann die Seele als ein weiterer Fall von Seele gegeben sein, zum anderen aber als die meine. Die letztere Erfassung ist im Spiel, wenn ich das Bewußtsein habe, eine Seele zu haben, die erstere hingegen, wenn es um Eigentümlichkeiten der Seele überhaupt geht. Von Interesse ist hier jedoch die erstere: Wir können dessen bewußt sein, eine Seele zu haben, insofern wir bemerken, etwas zu fühlen, zu erkennen, überhaupt zu sein. Aber dieses Bewußtsein ist ein sekundäres: »Niemand nimmt wahr, daß er erkennt, außer dadurch, daß er etwas erkennt. Denn ursprünglicher ist es, etwas zu erkennen, als zu erkennen, daß man erkennt.« (De ver. 10, 8) Diese These ist durch die von Descartes wieder verstärkte, in mancher Hinsicht auch erstmals begründete Tradition weniger geläufig geworden. Geht nicht das Selbstbewußtsein allem Gegenstandsbewußtsein vorher? Dies hatte ja Descartes vorausgesetzt, und er hat in seiner Neubegründung der Philosophie auf dem Prinzip der Evidenz alle Gehalte des Bewußtseins in Zweifel gezogen, wobei sich dann ergeben sollte, daß der Vorgang des Zweifelns bzw. Denkens als solcher nicht mehr dem Zweifel ausgesetzt sein kann. Diesem neuzeitlichen Primat des Selbstbewußtseins scheint jene Thomasische These kontradiktorisch entgegengesetzt zu sein. Aber Thomas spricht gar nicht von Bewußtsein, sondern von Erkennen. Und da ist in der Tat plausibel, daß die Rede von Erkenntnis sinnlos ist, wenn nicht etwas erkannt wird. Eine Erkenntnis ohne Inhalt ist keine Erkenntnis. Die kognitive Selbstbeziehung hat also keinen Primat, da sie stets vermittelt ist über Inhalte, die zuletzt von außen kommen – wenn doch *etwas* erkannt oder *etwas* gefühlt wird.

Diese Selbstbeziehung nennt Thomas eine »cognitio actualis«, also eine konkret und ausdrücklich sich vollziehende Erkenntnis. Aber ist sie die einzige Weise der Selbstbeziehung? Das kann nicht sein, da hier ja nicht einfach ein weiterer Inhalt, ich selbst, gegeben ist, sondern eben derjenige, dem überhaupt etwas gegeben ist. Es kann sich also nicht um die bekannte Form der Identifikation handeln. Vielmehr ist der Identifizierende zugleich der, der diesen Akt der Identifikation als den seinen identifiziert. Thomas spricht daher im Unterschied zu jener »cognitio actualis« von einer »cognitio habitualis«. Die eben gegebene Rekonstruktion verwendet nicht die Worte des Thomas, sie soll aber den Grund verständlich machen, warum Thomas neben einer ausdrücklichen noch eine bloß habituelle, unausdrückliche und disponierende Selbstbeziehung ansetzt. Dieser Grund ist genau der, den Thomas auch selbst angibt: »Was die habituelle Erkenntnis angeht, so sage ich, daß die Seele sich wesentlich sieht, d.h. allein daraus, daß ihr Wesen ihr präsent ist, vermag sie in den aktuellen Vollzug der Erkenntnis überzugehen.« (De ver. 10, 8) Eine wirkliche Erkenntnis der

Seele wäre dieser also gar nicht möglich, wenn ihr nicht eine habituelle vorausginge.

Diese Verfassung des Intellektes macht den Menschen zu einem ambivalenten Wesen. Er gehört einerseits in die materielle Welt, die sich ihm in den Sinneswahrnehmungen partiell erschließt. Er gehört andererseits in die Welt des Geistes, die von jener materiellen Welt unabhängig ist. Gleichwohl ist der Mensch nach Thomas gewiß kein Zwitterwesen, da das Verfaßtsein seines Verstandes selbst es ist, das die Bindung an diese materielle Welt unauflöslich macht. Dies unterscheidet ihn gerade vom Verstand der Engel und dem Gottes. Thomas kann daher mitunter sagen, die menschliche Seele stehe auf der Grenzscheide zwischen der Ewigkeit und der Zeitlichkeit. (De an. 1; ScG 9 II, 68 [1453]) Das Gewicht, das Thomas der Repräsentation äußerer Wirklichkeit in der Organisation der Erkenntnis gibt, ist nicht zu verkennen. Das hängt jedoch mit der Metaphysik der Form zusammen, die alle konkrete Wirklichkeit als geformt denkt. Letztere ist sowohl Form wie auch das, was geformt ist. Ohne diese Bedingung könnte es keine Erkenntnis geben, lediglich mehr oder weniger nützliche Zusammenfassungen von Gegebenheiten. Erkenntnis ist jedoch Erfassung der Form. Nur weil aber etwas *geformt* ist, läßt es sich überhaupt repräsentieren. Denn die Form eröffnet die Möglichkeit, sie selbst in anderer Weise zu realisieren. Ein erkannter Stein – um das Aristotelische Beispiel aufzugreifen – ist nicht selbst ein Stein; ein vorgestelltes Brot macht nicht satt. Aber daß wirklich ein Stein vorgestellt oder erkannt werden kann, liegt daran, daß diese Form weder von sich her schon allgemein noch von sich her schon besonders ist. Wäre sie das letztere, dann käme dies der Position des Nominalismus gleich; alle Wirklichkeit ist singulär (nicht lediglich individualisiert). Dann bezögen sich die Begriffe nur komparativ auf zusammengehörige Kennzeichen. Wäre hingegen ersteres der Fall, die Form also von sich her allgemein, könnte die Prägung der Wirklichkeit durch eine Form, eben die Formung (»in-formatio«) gar nicht gedacht werden. Das erlaubte zwar, ebendiese Formen zu erkennen, denn in ihrer Allgemeinheit entsprechen sie dem, was zur Erkenntnis gehört. Da sie aber nicht die Wirklichkeit prägen, gäbe deren Erfassung keinen Aufschluß über die Welt. Die Wesenheit der Dinge muß daher als an sich selbst weder allgemein noch singulär gedacht werden. Mit diesem Gedanken Avicennas möchte Thomas verständlich machen, daß beides, weil nicht mit der Verfassung des Wesens in Widerspruch stehend, möglich ist: die potentiell unendlich vielen Variationen einer Form in der materiellen Welt und die das Wesentliche betreffende Erfassung durch einen Intellekt. Prinzip einer nichtfiktiven Repräsentation ist die Form.

Dies darf nicht in der Weise mißverstanden werden, als würde die (vulgär-)platonische Verdoppelung der Welt ins Horizontale umgebogen zu einer Welt der Dinge und einer Welt der vorgestellten Formen. Denn mit der Form als solcher kann es eine vollständige Identität geben. Thomas spricht daher wie auch Aristoteles davon, daß die wirkliche Erkenntnis und das wirklich Erkannte identisch sind. Aber das ist nicht eine Art von Übermächtigung nach der einen oder der anderen Seite, sondern das, was materielles und immaterielles Seiendes voneinander unterscheidet: »Kein Körper kann die substantielle Form eines anderen Körpers aufnehmen, außer dadurch, daß er in der Zerstörung seine eigene Form verliert. Der Verstand hingegen wird nicht zerstört, sondern vielmehr dadurch vervollkommnet, daß er die Formen aller Körper aufnimmt; er gelangt nämlich durch das Erkennen zu seiner Vollkommenheit; dieses Erkennen geschieht jedoch in der Weise, daß er die erkannten Formen in sich hat.« (ScG II, 49 [1249]) Einer der bedeutenden Thomas-Kommentatoren hat deshalb gesagt, Erkennen heiße, das andere als das andere werden, »fieri aliud inquantum aliud«.[52]

Am Ende dieses Unterkapitels muß noch darauf verwiesen werden, daß es Thomas nicht bloß darum geht, die Möglichkeit einzelner wahrer Erkenntnisse zu begründen. Gerade die Identitätsthese zeigt, daß Thomas nicht primär mit dem Problem zu kämpfen hat, ob der Vorstellung, die man im Bewußtsein vorfindet, etwas in der äußeren Wirklichkeit entspricht, und wenn ja, wie man dies feststellen könnte. Es geht darüber hinaus überhaupt darum, was diese Erkenntnisleistung für die Stellung des Menschen im Sein besagt. Die Offenheit, die ihn über jede Disposition zu einzelnen Formen hinaushebt, ist als solche nur die Bedingung von Erkenntnis, noch nicht deren Erfüllung. Der Geist soll sich über das Partikulare erheben, und zwar zuletzt so, daß »sich die Ordnung des Universums in ihm abzeichnet« (De ver. 2, 2). Dabei darf »zuletzt« nicht in einem zeitlichen Sinne mißverstanden werden. Denn schon der in allen einzelnen Begriffen enthaltene Begriff des Seins weist eine solche Allgemeinheit auf. Im Zusammenhang mit der Lehre von der Unsterblichkeit und der Auferstehung interpretiert Thomas die Verfassung des Menschen so, daß er in einen unmittelbaren Kontakt mit Gott selbst kommen soll. Gott aber ist nichts einzelnes mehr, sondern der Grund des Seins. Erkenntnis ist also nicht bloß die Inanspruchnahme einer Fähigkeit, die dem Menschen nun mal eignet, sie ist dasjenige, worin sich seine Bestimmung erfüllt. Nicht nur die Bestimmung des Menschen, auch die des Universums insgesamt ist das Sichzeigen der Wirklichkeit: »Das letzte Ziel eines jeden Dinges ist aber das, worauf sein erster Urheber und Beweger es absieht. Der erste Urheber und Beweger des Universums ist jedoch die Vernunft [...]. Also muß das Ziel des Universums das Gut der Vernunft sein. Das aber ist die Wahrheit.« (ScG I, 1 [4])

Die Unsterblichkeit der Seele

Thomas widmet sich in mehreren Werken der Frage, ob die menschliche Seele unsterblich sei. Zunächst wird man geneigt sein, diese Frage zu denjenigen zu rechnen, welche die Philosophie stets beschäftigt haben, auf die nur leider die Philosophen stets unterschiedliche Antworten gegeben haben. Aber schon die Bedeutung des Wortes »unsterblich« ist Schwankungen unterworfen. Es wird also sinnvoll sein, sich zuerst zu fragen, was Thomas hier eigentlich meint und was er mit seiner Antwort genau beansprucht. Thomas vertritt nicht die Auffassung, daß der Tod nur eine periphere Angelegenheit ist, weil die Seele doch ohnehin erwiesenermaßen unsterblich ist. Die Seele ist kein Ding, für das man eine über alle Zeiten hinweg dauernde Existenz anzunehmen hätte. Thomas versteht mit Aristoteles die Seele als das Prinzip der Lebendigkeit. Man muß also alle Assoziationen von Innerlichkeit, von Gefühlswelt etc. fernhalten. Leben und Sterben sind aber Vorgänge, die das Lebewesen selbst betreffen.

Es ist klar, daß diese die Philosophie seit Platon umtreibende Frage nicht unmittelbar beantwortet werden kann; eine Antwort darauf erfordert vielmehr eine Reihe von Voraussetzungen. Diese Voraussetzungen sind es nun, die eine je andere Antwort nahelegen, die jedoch auch die jeweilige Antwort schwerer oder leichter verständlich machen. Der Anspruch des Thomas ist ganz klar: »Es ist schlechterdings notwendig, daß die menschliche Seele unzerstörbar ist.« (De an. 14; ed. Leon. XXIV/1 p. 125)

Thomas hält also ausdrücklich die Unsterblichkeit, oder wie eben formuliert, die Unzerstörbarkeit der Seele für wesensnotwendig. Sie ist nicht bloß wünschenswert (oder auch insgeheim zu fürchten); sie ist nicht bloß wahrscheinlich oder durch irgendwelche Indizien nahegelegt; sie ist Gegenstand eines rigorosen Beweisverfahrens. Dies ist nun um so interessanter, als die Voraussetzungen für einen gelungenen und überzeugenden Beweis für die Unsterblichkeit der Seele bei Thomas nicht so ohne weiteres diesen Schluß nahelegen. Platon und Augustinus haben die Seele für eine eigenständige, eben substantielle Wirklichkeit gehalten. Wenn der Seele eine solche Selbständigkeit zugeschrieben werden kann, dann ist es nur ein relativ kurzer Schritt zu der Behauptung, die Leibunabhängigkeit der Seele gelte auch dann, wenn der Leib im Tod verdirbt.

Thomas hingegen faßt mit Aristoteles die Seele als die Form des Leibes. Hier ist die These der Unsterblichkeit auf den ersten Blick sehr viel weniger naheliegend: Denn was sollte eine Form sein, wenn sie nichts mehr formt?

Aber die These des Thomas ist klar. Sehen wir zuerst, was er zu den Gegnern sagt. Die Leugnung der Unzerstörbarkeit der Seele muß sich aus Prämissen ergeben, die Thomas in seinem eigenen Beweisgang als unrichtig zurückgewiesen hat. Etwa folgende: Wenn die Seele ein Körper ist, muß sie das Schicksal aller Körper teilen; sie ist dann nämlich zusammengesetzt, und jede Zusammensetzung enthält die Möglichkeit der Auflösung – die sich früher oder später realisiert. Platon hat gerade dagegen die absolute Einfachheit der Seele zeigen wollen; denn was einfach ist, kann sich nicht in Elemente auflösen. Ähnlich wie mit der vorhergehenden These kann man auch mit der Voraussetzung, daß der Intellekt in Wahrheit von der sinnlichen Erfassung der Wirklichkeit nicht unterschieden ist, dessen Unsterblichkeit nicht zeigen. Er ist dann aber gerade keine Form, sondern nur eine weitere materielle Wirklichkeit, die den Weg alles Fleisches zu gehen hat. Aus der entgegengesetzten Prämisse folgt nun dasselbe: Wenn man den Intellekt für eine vom individuellen Menschen getrennte Instanz hält, dann mag er zwar unsterblich sein; dies betrifft jedoch gar nicht die gestellte Frage. Der Materialismus muß die Frage verneinen, der Averroismus muß die Frage verfehlen. Da Thomas beides für falsch hält, hält er die Unsterblichkeit für gegeben. Der eigentliche Beweis ist nicht leicht zu verstehen; beginnen wir also zunächst mit dem, was Thomas lediglich – oder immerhin – für Anzeichen (signa) hält. Was untergeht, betrifft immer ein Einzelnes. Der Verstand des Menschen erhebt sich aber auf die Ebene des Allgemeinen. Dies ist nicht vom Untergang bedroht. Aus der Verwandtschaft von Vermögen und seinem Gegenstand hat die platonisch-augustinische Tradition schon einen veritablen Beweis ziehen wollen. Thomas hingegen rechnet sie lediglich zu den Indizien.

Die Unsterblichkeit ist zweitens keine indifferente, der Verfassung der Seele gegenüber sozusagen neutrale Eigenschaft. Die Seele ist nicht in dem Sinne unsterblich, wie Genehmigungsverfahren langwierig sind. Sie ist für die Seele schon gar nicht bloß akzidentell, aber eben auch nicht einfach bloß wesentlich. Die Seele verhält sich selbst zu ihrer Unsterblichkeit. Thomas spricht von einem natürlichen Streben nach Unsterblichkeit. Dies betrifft das allen Lebewesen innewohnende Streben nach Selbsterhaltung. Das Lebendige ist gegenüber seiner Verfassung und seiner Fortexistenz nicht gleichgültig. Beim Menschen aber hat dies insofern eine andere Form, als der Mensch das Wirklichsein als solches aufzufassen vermag. Als verständiges Wesen ist er in der Lage, nicht bloß dieses oder jenes Ding, einzelne Sachverhalte, aufzufassen. Er kann den Begriff des Seins bilden. Der Mensch verhält sich also strebend zur Wirklichkeit überhaupt. Es ist nochmals hervorzuheben, daß Thomas *daraus* keinen Beweis macht. Dennoch ist es für dieses natürliche Streben von einigem Gewicht. Würde es nämlich letztlich frustriert, so daß der Mensch zwar wie andere Lebewesen normalerweise sich zu erhalten strebt, dieses Streben aber am Ende gegenüber anderen Kräften der Natur zu kapitulieren hat, dann würde ein fundamentales Prinzip der Natur gerade dort verletzt, wo es nicht bloß wirksam ist, sondern auch erkannt wird. Das Streben ist der Sieg über die Gleichgültigkeit. Mit Bezug auf ein Streben werden andere Dinge überhaupt erst von Interesse: als anzustrebende, als zu meidende, ja auch als gleichgültige (einem Kieselstein ist die ihn bewegende Welle nicht einmal gleichgültig). Mit dem Streben ist dem bloß Faktischen eine Grenze gezogen, denn erst im Hinblick auf ein Streben gibt es sinnvolle und sinnwidrige Dinge. Wenn nun aber das Prinzip der Unterscheidung zwischen Sinn und Widersinn, nämlich das natürliche Streben, gerade beim Menschen frustriert würde, dann wäre die Existenz dieses Strebens selbst sinnlos.

Nun zum Beweis selbst: Thomas hat die Seele als Form des Leibes bestimmt. Die Form, wie er sie in der Metaphysik gefaßt hat, ist zwar nicht mit dem Sein identisch; denn das Sein ist nicht selbst wieder ein bestimmter Inhalt. Die Form vermittelt aber das Sein. Hier kann es jedoch keine Alternative geben; die Existenz eines geformten Wesens ist keine kontingente Folge aus der Präsenz der entsprechenden Form. Thomas sagt daher: »Das Sein folgt wesentlich aus der Form.« Daher können also Sein und Form nicht getrennt werden. Weder »gibt« es Sein ohne Form, noch gibt es Formen ohne Sein. Aber wenn dem so ist, kann die Zerstörung von etwas niemals die Trennung von Form und Sein besagen. Worin liegt dann Zerstörung? Sie betrifft die Auflösung der Einheit von Form und Materie. Die Zerstörung und Entstehung von ähnlichen Wesen ist ja sogar der Grund dafür gewesen, diese beiden Prinzipien voneinander zu unterscheiden: Es muß doch eine bestimmte Struktur geben, wenn aus Pferden immer wieder Pferde werden. Der Tod eines

Lebewesens, aber auch die Zerstörung eines Artefaktes ist daher die Auflösung eines Kompositums. Eine bestimmte Form formt nicht mehr das entsprechende Stück Materie. Hier geschieht jedoch keine Auflösung ins Nichts; die Materie bleibt erhalten, sie sinkt nur eine Stufe tiefer, wenn etwa aus einem Organismus wieder anorganische Materie wird. Und auch die Form bleibt erhalten, denn sie ist ohnehin das allgemeine Element; als Prinzip des Entstehens kann sie nicht ihrerseits entstanden sein. Dieses Aristotelische Argument hat Thomas durchaus gelten lassen, nur hinzugefügt, daß daraus nicht – wie Aristoteles es getan hat – die Ewigkeit der Formen abzuleiten ist. Die Zerstörung betrifft in diesen Fällen also die Auflösung einer Einheit aus komplementären Elementen, erst sekundär die Form selbst. Denn nicht die Form ist der Träger von Sein, sondern eben das Kompositum; aber die Form ist insofern betroffen, als sie ja das Sein vermittelt hat.

Beim Menschen verhält es sich etwas anders. Hier hat auch die Form selbst ein Sein. Die menschliche Form ist dadurch von allen anderen Formen unterschieden, daß sie nicht bloß etwas bestimmt. Der Mensch kann auch etwas erkennen; Thomas ist mit einer Tradition, die von Platon und Aristoteles über das Mittelalter bis zu Pascal und Hegel reicht, der Überzeugung, daß das den Menschen Auszeichnende das Denken ist: »Die eigentümliche Tätigkeit des Menschen, insofern er Mensch ist, ist Erkennen und die Vernunft gebrauchen.« (De an. 3) Denken aber heißt für Thomas, eine Form zu haben, ohne dabei von ihr bestimmt zu sein. Eine Tanne zu erkennen heißt nicht, eine Tanne zu sein. Denken statuiert ein anderes Verhältnis zu den Dingen als eine vitale Verflechtung (oder deren Gleichgültigkeit): vor allem eine prinzipielle Unabhängigkeit. Zu dieser Unabhängigkeit gehört nun notwendig auch eine grundsätzliche Allgemeinheit. Eben weil das Denken nicht von einem einzelnen Gegenstand oder von einem bestimmten Typus von Gegenständen bestimmt ist, kann es nicht – wie das für die Sinne gilt – in einem direkten Sinne von einer organischen Leistung abhängen. Die Leistung des Verstandes ist also eine organfreie, eine im strikten Sinne immaterielle Funktion. Organe sind nur für bestimmte Reize – Thomas spricht von spezifischen sinnlichen Formen – empfänglich. Der Verstand ist aber der Ort, wo diese Formen gedacht werden; er ist mithin durch seine Weite grundsätzlich von organischen Leistungen unterschieden.

Nach der oben kurz skizzierten ontologischen Analyse heißt das: Der Verstand hat anders als sonstige materielle Formen selbst ein Sein; dieses muß ihm zugeschrieben werden, weil er eine von seiner materiellen Manifestationsbasis unabhängige Leistung vollbringt, denn Erkenntnis (von Materie) ist selbst nicht wieder ein materieller Prozeß. Wenn aber nach der ersten Prämisse gilt, daß das Verhältnis von Form und Sein nicht wie das von Form und Materie unauflöslich ist, kann die durch den Verstand bestimmte menschliche Seele nicht derjenigen Zerstörung ausgesetzt sein, der alle einzelnen materiellen Dinge unterliegen.

Dieser Gedankengang ist in vieler Hinsicht bemerkenswert. Der erste Einwand, den man dagegen vorbringen wird, ist wohl der: Thomas kennt nicht die Leistung des Gehirns, welches das Organ des Denkens ist, denn ohne Gehirn kann man nicht denken. Dazu ist zu sagen: Thomas weiß, daß der Mensch ein außergewöhnlich großes Gehirn hat. (Sth. I, 91, 3 ad 1) Aber Erkenntnis hat es mit der Unterscheidung von Wahrem und Falschem zu tun. Man kann nur entweder anerkennen, daß Wahrheit keine materielle Wirklichkeit meint, oder muß den Sinn dieses Wortes bestreiten; wenn man jedoch auf dieses Wort verzichtet, verzichtet man auch auf eine theoretische Auseinandersetzung. Sagen Theorien aber, daß das Wort »Wahrheit« keinen authentischen Sinn hat, der Gesichtspunkt des Wahrseins also gegenstandslos ist, dann sind diese selbst als Theorien gegenstandslos.

Von besonderer Wichtigkeit ist hier, daß die Art der Einheit von Sein und Form genau ins Auge gefaßt wird. Thomas will keineswegs eine ewig schon bestehende und darum auch ewig fortbestehende Verklammerung lehren. Platon hat bekanntlich die Fortexistenz der Seele gerade aus ihrer Präexistenz erschlossen. Aber Thomas sieht genau, daß diese beiden Behauptungen logisch unabhängig sind. Einer Entität die Kraft, immer zu sein, zuzuschreiben schließt nicht ein, ihr diese Kraft immer zuzuschreiben. (De an., 14 ad 7) Die Seele verdankt ihre Existenz nicht der menschlichen Zeugungskraft, sondern einem göttlichen Schöpfungsakt. Wenn sie aber einmal existiert, dann gehört die Unzerstörbarkeit zu ihrer Verfassung. Dies ist gewiß weniger, als die platonisch-augustinische Lehre von der Unsterblichkeit intendiert hat.[53] Es ist allerdings ein bloß negativ bestimmter Begriff, der die positiven Konnotationen des Platonismus bewußt nicht erreicht.[54] Immerhin aber greift Thomas im Begriff des Strebens nach Unsterblichkeit das Platonische Verständnis des Eros auf. Die Verbindung dieses Unsterblichkeitsbegriffes mit dem christlichen Glauben an die Auferstehung des Fleisches liegt darin, daß ohne die Fortdauer der Seele die Identität eines Gestorbenen im Auferstandenen nicht vernünftig gedacht werden kann. (ScG IV, 81 [4156]) Da zugleich die Fortdauer einer Form ohne Geformtes ein widersinniger Zustand ist, erfüllt erst die Auferstehung den Sinn der Unsterblichkeit: »Folglich scheint die Unsterblichkeit der Seele die zukünftige leibliche Auferstehung zu erfordern.« (ScG IV, 78 [4135])

5. Die Praxis

Vernunft und Wille

Wie bei allen Lebewesen, ja nach Aristoteles sogar wie bei allen natürlichen Dingen, so zeigt sich das Wesen des Menschen durch seine besondere Weise des Tätigseins. Denn allen natürlichen Wesen wohnt die Tendenz zum Tätigsein inne. Thomas macht bei Tätigkeiten des Menschen einen wichtigen Unterschied: Er hebt die »actio hominis«, die Prozesse am und im Menschen (etwa Atmen), von der »actio humana«, die für den Menschen spezifische, weil bewußte Weise des Tätigseins, ab. (Sth. I-II, 1, 1) Letzteres ist das, was wir Handlung nennen. Handlungen sind durch ihre besondere Weise ihrer Hervorbringung bestimmt. Denn der Mensch ist nicht nur Ursache seiner Handlungen, so wie sein Atmen Ursache für Sauerstoffverbrauch ist, sondern er ist darüber hinaus Herr seiner Handlungen. Er ist damit in einem so eminenten Sinne Ursprung dieser Handlung genannten Wirklichkeit, daß sie ihm zugeschrieben wird. Bei anderen Arten der Verursachung gibt es für eine Ursache wiederum eine Ursache und so fort, oder es liegt – gut aristotelisch – in der Natur des Dinges, auf eine bestimmte Weise tätig zu sein. Keine Handlung geht aber vollständig bloß daraus hervor, daß der Mensch Mensch ist. Er ist als solcher nur Grund dafür, daß es dergleichen wie Handlung, Praxis überhaupt gibt.

Aristoteles hat in seinen Ethiken als eines der Spezifika des Menschen hervorgehoben, daß er zwar wie anderes Prinzip von Tätigkeit ist, aber nur er allein Handlungen hervorzubringen vermag. Er ist zugleich der »kyrios« dessen, was er tut. Thomas interpretiert diese Bestimmung noch einmal theologisch. Die Herrschaft über seine Handlungen macht den Menschen zu einem Bild Gottes. Er ist Imago Dei, insofern er bestimmte Fähigkeiten hat. (Sth. I, 93, 4) Diese Fähigkeiten ermöglichen es ihm, in einem ausgezeichneten Sinne Herr seines Tuns zu sein. Aristoteles hatte in der Vernunft – wie übrigens in jeder Form – etwas Göttliches gesehen. Wir können hier nicht genauer untersuchen, was denn bei Aristoteles die Redeweise »ein Göttliches« genauer besagt. Thomas konnte dies auf einen Begriff bringen: Das Göttliche der Vernunft liegt darin, Bild der Vernunft Gottes zu sein.

Das könnte man auf den ersten Blick nun als ein theologisches Vorzeichen vor einem sozusagen eingeklammerten aristotelischen Inhalt ansehen, der demzufolge seinem Gehalt nach intakt bleibt. Aber es hat sich damit eben doch die Perspektive verschoben. Nicht nur, daß sich die Redeweise »ein Göttliches« jetzt präzisieren läßt. Das Handeln wird weiterhin als eine Besonderheit des Menschen angesehen, das ihn von den übrigen natürlichen Wesenheiten unterscheidet. Aber jetzt hebt ihn dies auch noch aus der Natur heraus, weil die Natur Zeichen, nicht hingegen Bild Gottes ist.

Die Antwort auf die Frage, wodurch denn der Mensch in diesem herausgehobenen Sinne Herr seines Handelns ist, kann nur eine doppelte sein: Dies gilt erstens, insofern er weiß, was er tut, und zweitens, insofern er tut, was er tun will. Diese Doppelung enthält nun eine Reihe fundamentaler Probleme, denen sich Thomas – wie stets auch in Auseinandersetzung mit seinen Zeitgenossen – intensiv gewidmet hat. Noch weitaus intensiver geschieht die Bezugnahme auf die philosophische Tradition der Antike und die theologische der Kirchenväter.

Schon vielfach wurde darauf hingewiesen, daß die griechische Philosophie gar keinen Begriff des Willens zur Verfügung hat. Das pure Auf-etwas-aus-Sein, »Wille zur Macht«, wäre innerhalb des griechischen Denkens gar nicht ausdrückbar. Erst in Rom kann man es mit »voluntas« ausdrücken, wenngleich dies kein sonderlich massives Wort ist. Was man als christliche und aristotelische Tradition in der Freiheitslehre sachlich und historisch auseinanderzuhalten hat, trifft nun im 13. Jahrhundert zusammen. Mehr als ein Jahrtausend stand der heute vielleicht bekannteste Text des Aristoteles, die *Nikomachische Ethik*, im Abendland nicht zur Verfügung. Allerdings sind im 12. Jahrhundert einige Texte aus der Tradition der östlichen Kirchenväter – von Johannes von Damaskus und Nemesius, bei letzterem unter dem Namen des Gregor von Nyssa – übersetzt worden, welche die Aristotelische Lehre vom Freiwilligen bereits übernommen hatten. So ergab sich die Möglichkeit einer traditional abgesicherten Konvergenz. Das, was Aristoteles »freiwillig« (ἑκοῦσιον) nennt, heißt in der lateinischen Übersetzung »voluntarium«. Der Anklang an »voluntas«, Wille, ist unüberhörbar. Thomas hält den Zusammenhang ausdrücklich fest: »›Freiwillig‹ nennt man, was durch den Willen geschieht.« (Sth. I-II, 6, 3)

Erst im 13. Jahrhundert wird eine ausführliche Analyse des Willens entwickelt. Wie aber kann man das? Ausgangspunkt hierfür ist die Freiheit des Willens. Und die daran anschließende Frage lautet: Wie muß man das Zusammenspiel von Wille und Vernunft denken, damit der Willensentschluß als ein freier verständlich wird? Doch ist der Wille denn wirklich frei? Die von Augustinus herkommende Tradition setzt die Freiheit des Willens unmittelbar in diesen selbst. Allerdings hat Augustinus auch mehrfach festgehalten, daß im eigentlichen Sinne nur das Gegenstand des Wollens werden kann, was zuvor erkannt worden ist: »nil volitum nisi cognitum«[55].

Bernhard von Clairvaux bringt es auf die Kurzformel: »Wo ein Wille, dort auch Freiheit.«[56] Die eher an Aristoteles sich orientierende Tradition versucht dafür aber noch zusätzliche Gründe zu finden.

Thomas beruft sich nicht wie die augustinische Tradition auf das unmittelbare Freiheitsbewußtsein. Seine Theorie ist daher vor einem Einwand geschützt, der diese Evidenz als ein weiter reduzierbares Phänomen ihrerseits zu erklären sucht. Thomas weist allerdings auf das hin, was Staat und Gesellschaft bei ganz elementaren Handlungsweisen voraussetzen. Vorschriften und Verbote, Anerkennung und Bestrafung, Beratschlagung und Ermahnung hätten keinen Sinn, wenn die Menschen nicht die Möglichkeit hätten, ihnen frei zu folgen oder nicht zu folgen. (Sth. I, 83, 1) In der wohl noch späteren, besonders ausführlichen Quaestio 6 der *Quaestiones disputatae De malo*[57] ordnet Thomas die These, daß bei den menschlichen Handlungen alles mit Notwendigkeit geschehe, den außerphilosophischen Positionen (inter extraneas philosophiae opiniones) zu. So wie die gesamte Wissenschaft von der Natur aufgehoben würde, wenn man behauptete, daß sich nichts bewegt, so würde auch die Moralphilosophie aufgehoben durch die Leugnung der menschlichen Willensfreiheit. Thomas führt diese These auf Provokationslust und die intellektuelle Unfähigkeit zurück, sophistische Argumentationen auseinanderzunehmen.

Wie das Mittelalter überhaupt diskutiert auch Thomas die Freiheit des Menschen als das Verhältnis von Vernunft und Wille. Die eine Tradition, von Boethius herkommend, sagt, durch seine Vernunft ist der Mensch so in ein Verhältnis zur Welt eingelassen, daß nicht reale Verhältnisse seine Tätigkeit hervorbringen, sondern er selbst dies tut.

Die Diskussionen jener Zeit ringen um die angemessene Auflösung des Dilemmas, das sich durch diese Ansetzung zu ergeben scheint: Entweder der Wille will einfach das, was ihm die Vernunft als das Erstrebenswertere zeigt – dann aber ist der Wille nicht eigentlich frei, sondern nur eine exekutive Instanz, die aus einem Vernunfturteil praktische Konsequenzen zieht. Oder der Wille bestimmt sich unabhängig von den Einschätzungen der Vernunft, dann ist er zwar frei – doch ist diese Freiheit von Beliebigkeit nun nicht mehr unterschieden.

Vertreter der franziskanischen Richtung wenden sich kritisch der Grundlage des Thomasischen bzw. Aristotelischen Gedankens zu: Ist es richtig, den Satz »Alles, was bewegt wird, wird von einem anderen bewegt«, zu einem allgemeinen Prinzip zu erheben? Nicht die Angemessenheit der Beschreibung, sondern deren universelle Geltung wird nämlich in Frage gestellt. Also nicht daß es solches und wohl unabzählbar vieles solches gibt, das von anderem bewegt wird, wird bestritten, sondern daß alles (omne) von dieser Art ist. Das wichtigste Gegenbeispiel ist – der Wille. Der Rekurs auf den Willen geschieht dabei nicht ausnahmslos im Zusammenhang der Problematik der Gottesbeweise, er findet sich auch anderwärts. Auffällig häufig und in ganz charakteristischem Sinn fungiert dabei ein Text des Anselm von Canterbury als Leitautorität: Der Wille könne ein »instrumentum se ipsum movens«[58] genannt werden.

Eine denkerische Bewältigung solcher Probleme ist erst dann gegeben, wenn nicht einfach für eine von zwei bereits vorweg feststehenden Alternativen optiert wird. Die Frage muß also zunächst lauten, wie man überhaupt angemessen vom Willen spricht.

Thomas spezifiziert den Willen als eine bestimmte Weise des Strebens. Dieses Streben wird als ein rationales gekennzeichnet; er sagt sogar mit Aristoteles, der Wille sei »in der Vernunft«[59].

Wie unterscheiden sich dann diese beiden? Es sind nicht verschiedene dingliche Entitäten, sondern »Vermögen«, Vermögen nämlich derselben Seele. Vermögen werden nun bestimmt – und demzufolge auch voneinander abgegrenzt – durch ihr jeweiliges Formalobjekt, durch denjenigen Zug, der in allen Objekten auftreten muß, damit diese Gegenstände eines bestimmten Vermögens werden können. Was nicht farbig ist, kann nicht gesehen werden.

Formalobjekt des Willens ist – das Gute. Diese Bestimmung ist für den modernen Leser natürlich nicht bloß überraschend, sondern sicherlich ganz befremdlich. Kann denn nichts gewollt werden, was nicht gut ist? Die Menschen wollen doch nur zu oft auch das Böse. Die Menschen, antwortet Thomas, wollen zumindest das, was ihnen gut erscheint. Dafür, daß das Wollen in Gang kommt, macht es keinen Unterschied, ob sich ein Gut zeigt oder ob etwas sich nur wie ein Gut ausnimmt. Thomas besteht darauf, daß nicht jede Form, in der wir auf etwas aus sind, Wille genannt werden kann. Wille ist das Vermögen, das den Menschen auszeichnet. Es muß daher mit der anderen Gabe des Menschen, seiner Kraft des Nachdenkenkönnens, zusammenhängen. Die Vernunft ist nun ein Vermögen der Beurteilung und Schätzung. Wir können etwas als gut oder als besser denn etwas anderes beurteilen. Das, was Wille heißt, wäre ohne diesen Bezug auf das Erstrebenswerte gar nicht verständlich. Denn im Streben liegt bereits eine Auszeichnung von etwas gegenüber anderem. Aber in der Aussage, daß etwas es wert ist, erstrebt zu werden, liegt eine Beurteilung. Der Mensch ist also Herr seines Wollens, weil er ein vernünftiges Wesen ist: »Das Urteil ist insofern in der Macht des Urteilenden, als er über sein Urteil urteilen kann; über das nämlich, was in unserer Macht liegt, können wir urteilen. Über ihr Urteil zu urteilen gehört einzig zur Vernunft, die über ihre Tätigkeit reflektiert und die Beziehungen der Dinge erkennt, über die sie urteilt und mittels deren sie urteilt; daher liegt die Wurzel der ganzen Freiheit in der Vernunft begründet.« (De ver. 24, 2)

»Gut« ist ein Fundamentalbegriff, der nicht auf noch basalere zurückgeführt werden kann. Er muß somit wiederum kompensatorisch von dem her verstanden werden, was sich darauf wesentlich bezieht. Dies ist das Streben: »Da aber das Gute im eigentlichen Sinne das Bewegende des Strebens ist, wird das Gute durch die Bewegung des Strebens beschrieben, wie ja die Bewegungskraft durch die Bewegung sich zeigt.« (In Eth. I, 1 [9])

Zwei Bemerkungen seien hier angeschlossen: Diese »Bewegung« des Guten ist keine, wie sie von einer Wirkursache ausgeht – die Aristoteles als »Bewegungsursache« verstanden und benannt hat. Einen solchen Sinn von Bewegung auch bei der Willenstätigkeit zu gebrauchen ist erst für die spätere Rede von Motiven charakteristisch. Für Thomas können nur Ziele Beweggründe für das Wollen sein. Beweggründe sind zum einen durch die Rationalität geformt, daher »Gründe«, zum anderen stehen sie im Zusammenhang anderer und weiterer Beweggründe; wohingegen die Rede von Motiven diesen allzuleicht eine objektive Stärke zubilligt und sie gleichsam als Kraftvektoren versteht. Darin liegt aber von vornherein eine Ausklammerung der Vernunft, aus deren Beurteilung doch gerade erst hervorgeht, in welchem Maße etwas erstrebenswert ist.

Des weiteren ist natürlich seit der neuzeitlichen Kritik am Finalismus die Frage, ob denn das Streben selbst sinnvoll ist. Thomas sagt dies ausdrücklich: »Nichts strebt nach dem Guten außer dem Guten.« (ScG III, 20 [2013]) In der Bewegung, in der sich eine Präferenz, selbst eine unbewußt bleibende, bekundet, liegt schon ein Indiz für Intaktheit. Es ist nicht mehr gleichgültig, was sich in der Umgebung eines Wesens tut und seine Aufmerksamkeit weckt. Dieses Indiz hat seine Stärke aber insbesondere darin, daß die Präferenz von Lebewesen auf das geht, was ihnen in der Regel objektiv nützt.

Wenn Thomas dazu ansetzt, die spezifische Weise der frei initiierten Tätigkeit zu analysieren, dann greift er zunächst auf andere Weisen des Tätigseins aus. Er spricht davon, daß das Schwere sich nach unten bewegt, daß Lebewesen sich selbst bewegen und der Mensch kraft seines Willens eine Selbstbewegung vollzieht. Auch dies ist zunächst eher merkwürdig. Natur und Wille treten aber erst später bei Duns Scotus (sehr ähnlich wie dann bei Kant) einander vollständig gegenüber. Thomas kennt aber auch in der unbelebten Natur so etwas wie Selbstbewegung. Das hat zunächst historische Gründe. Platons Bestimmung der Seele als Selbstbewegung hat Aristoteles als unsinnig zurückgewiesen. Etwas kann nicht zugleich bewegen und bewegt werden. Aristoteles macht aber nicht bloß einen begrifflichen Einwand – dessen Stärke darin liegt, daß er auf einer erstmals vorgelegten Definition der Bewegung beruht –, sondern diskutiert darüber hinaus eine Reihe von Phänomenen, auf die das Konzept der Selbstbewegung anwendbar scheint: die Bewegung der Elemente und die der Lebewesen. Er tut dies interessanterweise dort, wo er seine Lehre vom »ersten unbewegten Beweger« darlegt. Denn wäre auf die genannten Phänomene jenes Konzept, wenn auch in modifizierter Form, anwendbar, bliebe die Notwendigkeit jenes allgemeinen ersten Bewegungsprinzips unerfindlich. Dieser Hintergrund ist aber für die gesamte scholastische Philosophie des Willens maßgeblich.

Aristoteles hat allerdings dieselbe Bestimmung auf verschiedenen Ebenen verwendet. Das Natürliche ist im Unterschied zum Künstlichen dasjenige, was sich selbst bewegt; das Lebendige ist im Unterschied zu allem Natürlichen dasjenige, was sich selbst bewegt; das Freiwillige ist im Unterschied zu dem, was man aus Zwang oder Unwissenheit unfreiwillig tut, dasjenige, was sich selbst bewegt.

Thomas muß also auch noch eine Differenzierung anbringen, um die verschiedenen Weisen von Selbstbewegung voneinander abheben zu können. Bei ihm bildet die Natur des Willens diejenige Orientierung, welche das freie Spiel der Wahl erst ermöglicht, so wie die »natürliche« Erfassung der ersten Prinzipien das Vollziehen logischer Verknüpfungen zwischen Sätzen ermöglicht. Gegenüber dieser Bestimmung zum Guten ist der Wille nicht mehr frei. Dies kann man trotzdem nicht Unfreiheit oder gar Zwang nennen. Denn von Zwang läßt sich nur dort reden, wo einer Neigung Widerstand geleistet wird. Das Gute ermöglicht jedoch bereits die Neigung selbst. Freiheit und Notwendigkeit schließen daher einander keineswegs vollständig aus. Der Wille ist auf das Gute im allgemeinen ausgerichtet, und zwar notwendigerweise, weil die Ausrichtung auf das Gute überhaupt ihn nämlich als Wille definiert. Da wir aber in der Orientierung am Guten nichts Bestimmtes wollen, ist nicht eigentlich dies der Gegenstand der Wahl, sondern eben einzelne Güter, das, was dem Menschen in irgendeiner Hinsicht als gut erscheint. Da es nichts gibt, was nicht in irgendeiner Hinsicht gut ist, kann alles zum Ziel des Wollens gemacht werden. Weil aber zugleich nichts in der Welt in jeder Hinsicht gut ist, kann es immer auch nicht gewollt werden. Die Freiheit des Willens beruht also nach Thomas nicht auf einer Unterbestimmung und Unbestimmtheit, sondern eher, wenn man so sagen kann, auf einer Überdetermination. Die Ausrichtung auf das Gute überhaupt befreit den Menschen davon, an einzelne Güter gebunden zu sein.

Erst wenn der Mensch seine endgültige Bestimmung erreicht, nämlich die Schau des Wesens Gottes, vermag er nicht noch einmal etwas anderes zu wollen. Hat er das erreicht, was zu erreichen auch der Antrieb in allen seinen sonstigen Intentionen war – denn von Gott hat alles den Charakter der Erstrebbarkeit (De ver. 22, 2 ad 1) –, kann er keinen Grund mehr haben, wiederum etwas anderes zu wollen; daher liegt darin keine Unfreiheit. (Sth. I-II, 5, 4)

Es bleibt zu beachten, daß Thomas ausdrücklich sagt, daß aus keinem dem Willen präsentierten Inhalt mit Notwendigkeit folgt, ihn auch wollen zu müssen. Wenn Thomas festhält, daß Präferenz, Vorzug, immer zweierlei voraussetzt, nämlich Unterscheidung und Abschätzung, dann zeigt sich jetzt, warum der Wille nicht immer das wollen muß, was ihm der Verstand als das zu Bevorzugende zeigt. Der Vollzug des Wollens*aktes* liegt immer in der Macht des Willens selbst: »Auf die erste Weise wird der Wille von keinem Objekt aus Notwendigkeit bewegt; jemand kann im Verhältnis zu jedem beliebigen Objekt nicht an es denken und demzufolge auch nicht wirklich es wollen.« (Sth. I-II, 10, 2)

Die Negativität, die darin besteht, daß verschiedene Ziele zugleich als Alternativen auftreten können, liegt im Vermögen zu geistiger Erfassung begründet. Die Betrachtung solcher Alternativen muß aber unter dem ganz bestimmten Gesichtspunkt des Erstrebenswerten geschehen. Die Alternativität ist dabei nicht bloß eine inhaltliche. Menschen können nicht bloß entscheiden, so oder anders zu wollen, sondern auch darüber, ob sie überhaupt handeln sollen. Thomas nennt die erste Freiheit »Freiheit der Spezifikation«, die zweite »Freiheit des Vollzuges«. Ungeachtet dieser Differenzierung bleibt natürlich das Problem bestehen, ob dadurch die Entscheidungsprozedur nicht ein bloßes Rechenexempel ist. Nach der Entwicklung verschiedener Alternativen überlegt man, welche die bessere (unter welchen Gesichtspunkten auch immer) ist, und dann scheint nur noch die als besser angesehene übrigzubleiben. Denn wenn man A als besser als B beurteilt, kann der Wille, so scheint es, nicht B wollen, da er hierfür keinen Grund hätte. Aber im Hinblick auf die zweite Bedeutung von Freiheit wird man zunächst sagen, es bleibt ja noch die Alternative von Handeln und Nichthandeln. Auch dies muß ja seinerseits wieder unter dem Gesichtspunkt des Guten beurteilt werden. Wenn jemand den Entschluß faßt, gesünder leben zu wollen, wird er sich überlegen, auf welche Weise er dieses Ziel erreichen kann. Soweit ein Ziel bestimmte Mittel bedingt, ist das Wollen die Bedingung dafür, auch die dafür erforderlichen Mittel zu wollen. Das letzte Ziel des Menschen, die Glückseligkeit, kann nun auf verschiedenen Wegen angegangen werden. Deshalb folgt aus diesem Ziel nicht, eine ganz bestimmte Handlung positiv wollen zu müssen – wohl aber, bestimmte Handlungsweisen zu unterlassen.

Thomas stellt sich in eine Tradition, hinsichtlich der es keine gravierenden Lehrunterschiede gegeben hat: Alle Menschen streben danach, glückselig zu sein. Darin unterscheiden sich weder Aristoteles[60] noch Platon, noch Augustinus.[61] Die philosophischen Kontroversen setzen dort ein, wo es darum geht zu bestimmen, worin das Glück liegt und wie es zu erreichen ist. Das Glück ist der Inbegriff dessen, was der Mensch will; er kann es daher gar nicht nicht wollen.

Thomas hat also durchaus behauptet, daß der Wille nicht von der Vernunft determiniert wird. Er war sogar einer der ersten, welche die Frage in der bezeichnenden Weise gestellt haben: Bewegt der Wille sich selbst? (Sth. I-II, 9, 3) Daran ist nun im Hinblick auf die Platon-Aristoteles-Kontroverse schon die Weise, wie die Frage nach der Willensfreiheit gestellt wird, von Interesse. Jene Formulierung meint offenkundig, daß die Tätigkeit des Willens, wenn sie von der Bewegungskraft der Vernunft als unabhängig soll gedacht werden können, als Selbstbewegung zu fassen ist. Noch immer hat somit der Begriff der Bewegung einen so weiten Sinn, daß sowohl die naturale wie die mentale

Tätigkeit als »Bewegung« bezeichnet werden.[62] Der Gedanke der Selbstbewegung besagt nun bei Thomas keine späte Abkehr vom Bewegungsbegriff des Aristoteles – so sehr Thomas immer wieder unterstrichen hat, unter anderem sogar in seinem Kommentar zur *Physik* des Aristoteles, daß Platon gegenüber Aristoteles den weiteren Begriff von Bewegung habe, es sich mithin nicht um unvereinbare Alternativen handle. Thomas versteht den Platonischen Bewegungsbegriff folgendermaßen: Im Platonischen Sinne ist Bewegung reine »operatio«, eine reine Tätigkeit wie etwa das Denken. Das heißt, daß es nicht die Realisierung einer Möglichkeit und daher nicht auf eine schon vorliegende Möglichkeit angewiesen ist. Dieser Bedingung unterstehe aber, sagt Thomas, der Aristotelische Begriff der Bewegung. Dies wiederum impliziert (ScG I, 13 [90]): »Es kommt nur Teilbarem und Körpern zu.« Auch Thomas geht also so weit, den Aristotelischen Begriff der Bewegung auf die Körperwelt einzuschränken. Worin liegt eigentlich noch die Differenz zu seinen Gegnern? Thomas macht Aristoteles nicht zu einem bloßen Theoretiker der Natur. Er verweist darauf, daß auch Aristoteles den weiten Sinn von Bewegung als »operatio« kenne: »welchen Sprachgebrauch Aristoteles im II. Buch *Über die Seele* [431 a 6] berührt. In diesem Sinne sagt er – gemeint ist Platon –, daß das erste Bewegende sich bewege, insofern es sich erkenne und wolle bzw. liebe.« Entscheidend ist bei dieser Betrachtung des Platonischen und des Aristotelischen Begriffes der Bewegung, daß beider Konzeptionen eines Ersten einander nicht widersprechen: »Es macht keinen Unterschied, zu einem Ersten zu kommen, das sich – nach Platon – bewegt, oder zu einem Ersten zu kommen, das – nach Aristoteles – gänzlich unbewegt ist.« (ScG I, 13 [90])

Die Unterscheidung der Seelenvermögen geschieht ja unter anderem mit dem Argument, daß etwas sich nicht selbst zu bewegen vermöge, man also voneinander verschiedene und einander bewegende Potenzen zu denken habe. Thomas macht sich zu Beginn des obengenannten Artikels (Sth. I-III, 9, 3) genau diesen Einwand, daß der Wille sich deswegen nicht selbst bewegen könne, weil nichts zugleich und in derselben Hinsicht in Akt und noch in Potenz sein kann, zu eigen. (9, 3, ob. 1; 9, 1 ob. 3)

Zudem ist die Potentialität, die Hinsicht, in der sich der Wille in Potenz befindet, eine doppelte: Er ist zum einen in Potenz, was seine Tätigkeit überhaupt angeht; zum anderen aber auch, was die genaue Art seiner Tätigkeit betrifft. Ähnlich wie das Sehen sich vom Nichtsehen unterscheidet, man aber auch das Sehen nach seinen Objekten zu unterscheiden hat. Es bedarf also ganz entsprechend einer zweifachen Aktuierung: Der Akt muß zum einen als solcher vollzogen werden (exercitium vel usus actus), und er bedarf des weiteren einer inhaltlichen Bestimmung (determinatio actus). Gewiß kommt das eine nie ohne das andere vor; doch handelt es sich in der Tat nicht um dieselbe Hinsicht. Die Notwendigkeit, diese beiden Hinsichten und Funktionen voneinander abzuheben, ergibt nun eine wechselseitige Bestimmung von Vernunft und Wille. Der Wille braucht eine inhaltliche Bestimmung: Und diesen Inhalt vermittelt die Vernunft. Aber diese Vermittlung ist ja eine reale Tätigkeit, nämlich der Vernunft. Woher diese? Diese Tätigkeit muß nun ihrerseits gewollt werden: »Ich erkenne, weil ich will.« (De malo, 6; ScG I, 72 [623]) Der Wille ist also in einer Hinsicht ursprünglich: Auch das Denken muß gewollt werden. In anderer Hinsicht ist das Wollen keineswegs autonom, da es sich seinen Inhalt nicht selbst verschaffen kann: »wir gebrauchen die anderen Seelenvermögen, wenn wir es wollen« (Sth. I-II, 9, 1). An der Antwort des Thomas ist mehreres bemerkenswert:

Erstens rekurriert Thomas hier auf eine Unterscheidung, die er schon zuvor getroffen hatte: Der Vorgang der Entscheidung läßt sich nicht mit einem einsinnigen Begriff von Bewegung deuten. Etwas kann in verschiedener Weise »bewegt« werden. Ein Streben muß zum einen initiiert, geweckt werden, d.h. hier: Der Wille muß wirklich wollen. Ein Streben muß aber auch eine Orientierung, eine Ausrichtung haben. Der Wille kann nicht wollen, ohne etwas zu wollen. Er kann jedoch auch nicht etwas wollen, ohne wirklich zu wollen. Dies klingt trivial. Nichtsdestoweniger handelt es sich um zwei spezifisch unterschiedliche Gesichtspunkte. Das Wollen ist zwar ein einheitlicher Akt, aber gleichwohl komplex. Die Einheit ist nicht die eines punktuellen Impulses; sie ist keine Einfachheit. Wenn jedoch verschiedene Gesichtspunkte und ein je verschiedener Sinn des Bewegens vorliegen, dann muß auch ein unterschiedlicher Grund dieser Bewegung angenommen werden.

Was folgt daraus für die Beantwortung der Frage, ob der Wille sich selbst bewegt? Schon die erste Frage dieser Quaestio, ob der Wille vom Verstand bewegt werde, ist nicht ganz richtig, oder besser: nicht ganz eindeutig gestellt. (Es ist eine sich durchgängig findende Gedankenbewegung in scholastischen Quaestionen, daß im Verlauf der Beantwortung auch die Frage korrigiert wird.) Man erwartet eine vollständige Alternative: Entweder der Wille wird vom Verstand bewegt, oder der Verstand wird eben vom Willen bewegt. Die Analyse des Bewegungssinnes zeigt nun, daß es sich nicht um eine Alternative handeln kann. Der Wille bewegt den Verstand – ich denke nicht, wenn ich nicht denken will –, der Verstand bewegt aber auch seinerseits den Willen, insofern er ihm ein Erstrebenswertes präsentiert. Ohne diese Vermittlung eines Urteils kann man nicht eigentlich von Willen reden; es wäre schiere Willkür. Gerade der unterschiedliche Sinn des Bewegens unterstreicht die Einheitlichkeit des Vorgangs. Wäre die Bewegung in beiden Fällen dieselbe, dann läge eine Zirkularität, ein logischer Widersinn vor, es könnte sich dann allenfalls um verschiedene Phasen derselben Bewegung handeln. »Der Wille bewegt den Verstand im Hinblick auf dessen Vollzug, weil auch das Wahrsein, welches die Vollkommenheit des Verstandes ist, als ein besonderes Gut im allgemeinen Guten enthalten ist. Im Hinblick auf die Bestimmung des Vollzuges, die auf seiten des Objektes liegt, bewegt jedoch der Verstand den Willen, da auch das Gutsein in einer besonderen Hinsicht unter dem allgemeinen Begriff des Wahren aufgefaßt wird. So erhellt, daß nicht mit Bezug auf dasselbe dasselbe bewegend und bewegt ist.« (Sth. I-II, 9, 1 ad 3) Thomas kann daher von den beiden Vermögen sagen: »Verstand und Wille schließen sich wechselseitig ein. Denn der Verstand erkennt den Willen, und der Wille will, daß der Verstand erkennt.« (Sth. I, 16, 4 ad 1)

Die Unterscheidung zweier Bewegungssinne enthält nur die Begründung der Möglichkeit dafür, daß zwei Instanzen sich wechselseitig zu bewegen vermögen. Warum aber bewegen sie sich wirklich wechselseitig? Diese Frage beantwortet Thomas mit seiner Unterscheidung der jeweiligen Formalobjekte der beiden Vermögen. Der Intellekt betrachtet alles unter dem Gesichtspunkt des Wahren. Der Wille erstrebt alles unter dem Gesichtspunkt des Guten. Wie verhalten sich die beiden Formalobjekte zueinander? Das Gute des Willens ist ein universelles. Der Wille kann auf alles gehen, was irgend gut erscheint. Der Intellekt hat ein besonderes Gut: die Wahrheit. Da der Intellekt auf das Wahre geht, dies aber unter das Formalobjekt des Willens fällt, vermag der Wille den Verstand zu bewegen. Diese Zuordnung gilt jedoch auch umgekehrt: Jegliches Gute, das der Wille sich zum Ziel setzt, kann der Verstand unter seinem Gesichtspunkt der Wahrheit betrachten, d.h. beurteilen, ob es sich um ein wirkliches oder nur um ein scheinbares Gut handelt.

Vernunft und Wille sind aber nicht nur Themen der »Psychologie«, sondern auch der Anthropologie und Ethik. Dadurch, daß der Mensch ein denkendes und wollendes Wesen ist, ist er zugleich eines, daß selbständig agieren kann. Auch bei ihm bestimmt das Sosein die Weise des Tätigseins (agere sequitur esse), doch ist sein Sosein gerade von der Art, daß es zum einen eine ungeheure Variabilität des Verhaltens ermöglicht und zum anderen diese auch zuschreibbar macht. (Rationalität ist für Thomas ein Vermögen der Begriffsbildung, daher ein Vermögen der Vereinheitlichung; es ist aber zugleich ein Vermögen des Gesichtspunktes, daher eines der Pluralisierung – was von mancher Logozentrismuskritik gar nicht gewürdigt worden ist.)

Die Struktur der Handlung

Der Mensch ist ein Wesen, das handelt. Zur Praxis des Menschen gehört jedoch nicht allein das Handeln, sondern ebenso auch Ansprüche – etwa ein Ziel erreichen zu können – und Beurteilungen. Wie aber müssen Handlungen beurteilt werden? Welches sind die Aspekte solcher Beurteilungen und warum gerade diese? Die Thomasische Handlungstheorie hat in ihrer Reichhaltigkeit und Strukturiertheit innerhalb des Mittelalters keine Konkurrenz. (Vgl. Sth. I-II, q. 18-21) Wir haben von Handlungen zunächst unter dem Gesichtspunkt ihrer Hervorbringung gesprochen. Diese freie Hervorbringung wäre gar nicht möglich, wenn in der Welt ausnahmslos alles so wäre, wie es eben ist. Nur wenn es Möglichkeiten »gibt«, Offensein und Nichtfestgelegtsein, hat das Handeln des Menschen eine Chance, in das Geschehen einzugreifen und in der Welt Spuren zu hinterlassen. Doch was ist denn die Wirklichkeit der Handlung selbst? Dies ist offensichtlich eine primär praktische Frage. Man will wissen, wie Handlungen zu beurteilen sind. Nicht erst das philosophische Nachdenken stellt Gesichtspunkte zur Beurteilung von Handlungen auf. Man fragt spontan nach der leitenden Absicht, nach den konkreten Umständen und natürlich danach, um welche Handlung es sich überhaupt handelt. Zu bewältigen ist dabei allerdings das Problem, woraus diese Gesichtspunkte entnommen werden und welches Gewicht ihnen jeweils zukommt. Im Traktat über die Handlungstheorie (Sth. I-II, 18-21) hat Thomas eine Konzeption entwickelt, deren systematische Grundlegung und Reichweite in seiner Zeit ohne Konkurrenz ist – und dies bei dem enormen Interesse an moraltheologischen und kasuistischen Fragestellungen.

In welchem Sinne reden wir denn überhaupt von guten und schlechten Handlungen? Daß Thomas diese Frage stellt, zeigt nochmals ausdrücklich, was im ersten Kapitel bereits erläutert wurde: Das Gute betrifft die gesamte Wirklichkeit. Das Besondere der Handlungen muß davon abgehoben werden. Die Differenzierung der verschiedenen Gesichtspunkte entnimmt Thomas der ontologischen Verfaßtheit der Dinge. Auch eine Handlung hat wie Dinge wesentliche Bestimmungen. So wie sich Tiere der Art nach unterscheiden, unterscheiden sich auch Handlungen spezifisch: Einen Blumenstrauß schenken und eine Vase holen sind der Art nach verschiedene Handlungen. So wie Dinge erst durch ihr Ziel bestehen, so kommen auch Handlungen erst durch eine Absicht, durch einen mit ihnen verfolgten Zweck zustande. Neben den wesentlichen Bestimmungen kennt die Aristotelische Philosophie ebenso unwesentliche Eigenschaften. Dies gilt wiederum auch für Handlungen. Die Umstände sind in der Regel beiläufige Charaktere. Thomas macht allerdings nicht einfach die Handlung zu einem Unterfall von dinglicher Wirklichkeit. Da wo das Spezifikum der Handlungssphäre durch die Analogie gefährdet wäre, macht er die Differenzen durchaus geltend. Um einige Beispiele zu nennen: Die Umstände sind in der Regel zwar Akzidentien, aber nicht ausnahmslos. Der Diebstahl ist eine Handlung, der gegenüber der Ort normalerweise gleichgültig und zufällig ist. Doch wenn ein Diebstahl etwa in einer Kirche begangen wird, ist dies ein Sakrileg, also eine von einem Diebstahl spezifisch unterschiedene Handlung. Besonders hervorzuheben ist hier, daß auch der Gegensatz von Gutem und Bösem nicht dieselbe Struktur hat wie bei Dingen. Hier hat Thomas sich von Albertus Magnus, Bonaventura und anderen erkennbar distanziert. Die These des Thomas ist, daß eine Handlung dann in einem vollendeten Sinne gut ist, wenn sie hinsichtlich aller ihrer Momente gut ist: Die Art der Handlung, das, was man tut, muß gut sein, d.h. der Ordnung der Vernunft entsprechen; mit dem, was richtig ist, muß aber auch die rechte Absicht verbunden werden; unerläßlich ist es darüber hinaus, die entsprechenden Umstände zu berücksichtigen; denn was an sich richtig ist, kann in diesem Moment gerade verkehrt sein. Ist einer dieser Gesichtspunkte nicht positiv besetzt, ist die Handlung nicht mehr als ganze gut. Dies gilt zum Beispiel dann, wenn das Gewissen etwas zuläßt, was das Sittengesetz eigentlich verbietet. Thomas legt großen Wert darauf, daß niemand gegen den Spruch seines Gewissens handeln darf. (Sth. I-II, 19, 5) Da das Gewissen aber kein moralisches Orakel ist, sondern eine Form der praktischen Vernunft, ist immer zugleich die Frage eröffnet, ob es sich wirklich um einen Gewissensspruch oder nur um eine Selbstmanipulation handelt (zumal in dem Fall, daß es meinen Wünschen auffällig entgegenkommt). Denn wenn das Gewissen irren kann, liegt darin die Aufforderung, diese Möglichkeit des Irrtums möglichst auszuschalten. Aber solange mir eine Handlung evidentermaßen geboten scheint, kann ich mich ihr nicht mit einer bloß abstrakten Vermutung, sie könnte inhaltlich irrig sein, entziehen. Gleichwohl macht objektiv gesehen ein irriges Gewissen eine Handlung bloß erlaubt, nicht einfachhin gut.

Vernunft und Leidenschaft – das Gesetz

Die Ethik des Thomas wird als Tugendethik bezeichnet. Dies ist richtig, täuscht aber wie alle etikettierenden Richtigkeiten über die eigene Aussagekraft hinweg. Um dieses Etikett sprechend werden zu lassen, muß man zum einen die Unterschiede zu anderen Formen von Tugendethik, wie etwa die Aristotelische oder die stoische Tugendethik, klären, und zum anderen, warum Thomas dies übernimmt. Denken heißt nicht Beeinflußtwerden, sondern Orientierungen suchen.

Thomas versteht Tugend gewiß nicht in dem eingeschränkten Sinne, in dem wir von »tugendsam« oder »tugendhaft« sprechen – oder eher gesprochen haben. Er begreift sie nicht einmal exklusiv als moralischen Begriff. Daher wird sein Verständnis von »virtus« nur einsichtig, wenn man auf den Horizont ausgreift, vor dem er es selbst versteht. Grundlage ist, was man als eine finalistische Ontologie bezeichnet hat. Alle Bewegung in der Welt ist Realisierung einer Potentialität. Die Realisierung ist diesen »Möglichkeiten« jedoch nicht äußerlich, sondern entspricht ihrer Tendenz. Das Ziel aller natürlichen Wesen ist die ihnen eigentümliche und darum angemessene Tätigkeit. Wenn etwas in der äußersten Weise tätig ist, die seiner Möglichkeit entspricht, dann nennt man solches Tugend. Tugend (virtus) ist daher eine Kraft. Die Möglichkeiten zu realisieren ist – an kleinen Kindern, die müde geworden sind, ist es leicht zu bemerken – in der Tat anstrengend. Im Sinne dieses Tugendbegriffs kann Thomas ebenso noch wie Platon von der Tugend eines Pferdes reden und damit diejenigen Fähigkeiten meinen, die ein gutes Pferd auszeichnen. Der Terminus meint dann so etwas wie »Tauglichkeit«. Doch diese Übersetzung ist nur dann akzeptabel, wenn man darunter nicht »Funktionalität« versteht. Denn dann würde die Tauglichkeit zur Nützlichkeit für etwas anderes. Thomas meint jedoch genau das Gegenteil: die je eigene Vollkommenheit.

Das heißt zweifellos nicht, daß Thomas die Ethik in die Naturphilosophie zurücknimmt. Denn innerhalb der Idee der Tauglichkeit ist eine Grunddifferenz festzuhalten: Die natürlichen Dinge haben ihre Tauglichkeit in ihrem Sein selber. Was sie sind und was sie können, ist schon durch ihr Sosein definiert. Das gilt aber nicht vom Menschen. Er ist auf Prägung allererst angewiesen. Der Mensch bedarf der Erziehung durch andere und durch sich selbst. Die Konsistenz im Handeln stellt sich beim Menschen nicht automatisch, soll heißen von Natur aus her. Wie nun kann der Mensch geprägt werden? Dieses Problem liegt in seiner konstitutiven Unbestimmtheit begründet. Seine Natur enthält Fähigkeiten, aber alles konkrete Können ist erworben. Das Erwerben geschieht durch das Ausführen einer entsprechenden Handlung. Wie man die Kunst des Gitarrenspiels durch Spielen lernt, so auch Tugend durch entsprechendes Handeln. Handeln ist niemals folgenlos. Es prägt immer den so Handelnden. Er wird tendenziell zu einem, der so handelt. In dieser Selbstprägung hat Aristoteles die Chance glückseliger Praxis gesehen – weil das disponierte Handeln erst die Freude an dieser Handlungsweise bringt –, und ohne diese Freude am Gerechtsein gibt es keine Gerechtigkeit. Darin liegt aber auch die unwiederbringliche Gefahr der Verfehlung dieser Glückseligkeit, denn Freiwilligkeit gibt es nur mit Bezug auf einzelne Handlungen, nicht aber im Hinblick auf einen bereits verfestigten Habitus. Darum kommt es auf seine

Qualität, auf das also, wozu dieser inhaltlich geneigt macht, so sehr an; Aristoteles steigert es: alles komme darauf an. Thomas ändert nichts Entscheidendes an dieser Grundstruktur der sittlichen Wirklichkeit. Er verteidigt Aristoteles gegen die These der Stoiker, es gebe nur eine Tugend und diese sei die Weisheit. Thomas weist auch die These zurück, alle sittliche Qualität bestehe in der Ausmerzung, in der Tilgung der Affekte. Nur weil die Leidenschaften zur Natur des Menschen gehören, gibt es überhaupt das Erfordernis der Tugend. Diese kann in Analogie zur Herrschaft verstanden werden. Sie ist jedoch keine despotische, sondern eine »politische« Herrschaft. Tugenden sind keine Korrektur der natürlichen Tendenzen des Menschen, sondern versetzen ihn in den Stand, diesen in gebührlicher Form zu folgen. (Sth. II-II, 108, 2) Anders als bei Gott oder den bloßen Naturwesen enthält das Vermögen des Menschen noch nicht Tätigkeit. Als Tendenzen haben die Anlagen des Menschen zwar eine Richtung, aber noch keine vollständig konkretisierte. Die Vielfältigkeit der Störfaktoren macht daher eine feste Gewohnheit nötig, durch die der Mensch wirklich das tun kann, was er will. Man ist noch nicht besonnen, wenn man es sein will. Die Tugend macht, wie Thomas mit Aristoteles sagt, den sie Besitzenden gut. (De virt. in comm., 1) Da sie aber wesentlich Moderation der Leidenschaften ist, kann in der Tugendhaftigkeit nicht – wie die Stoiker glaubten – die höchste Glückseligkeit liegen. (ScG III, 34) Anders als die voluntaristische Tradition hat Thomas den Tugendhabitus in die »passiones«, die nichtvernünftigen Antriebe der Menschen, gelegt. Der Wille als solcher ist je schon auf das Gute gerichtet, eine zusätzliche habituelle Disposition zum Guten – eben die Tugend – wäre also redundant. (De virt. in comm., 5; Sth. I-II, 56, 6)

Wenn bei Thomas die Vernunft im praktischen Sinne die Aufgabe hat, die vielfältigen sonstigen Antriebe des Menschen zu prägen – denn die Auszeichnung des Menschen ist die Vernunft –, dann fragt es sich, woher die Vernunft selbst ihre Prägung nimmt. Oder bedarf sie einer solchen gar nicht, da die Vernunft eben qua Vernunft einzusehen imstande ist, was richtig und was falsch ist? Aber welche Form hat diese Richtigkeit? Thomas spricht vom Gesetz, das zum einen Verbindlichkeit etabliert, zum anderen der Struktur der Vernunft entspricht. Gesetz ist nämlich in seinen Augen gerade keine bloße Setzung. Zwar kann nur ein Vernunftwesen bewußt etwas setzen, aber die Setzung aus reiner Willkür widerspricht der Vernunft. Thomas' Definition lautet: »Das Gesetz ist Regel und Maß der Handlungen, insofern jemand zum Handeln angeleitet oder von ihm abgehalten werden soll.« (Sth. I-II, 90, 1) Zugleich aber wird darin ein Bezug auf eine Gemeinschaft gedacht, und zwar wiederum im Hinblick auf deren Gut. Schon für das Individuum gilt, daß es nicht in beliebiger Weise glückselig werden kann. Der Zusammenhang des letzten Zieles mit den Bedingungen seiner Erreichung ist daher kein bloß empirischer; der Mensch soll ja auch glückselig werden. Wie ein staatliches Gesetz bedarf auch das Vernunftgesetz einer Art Bekanntmachung. Diese besteht im Falle des letzteren darin, daß Gott selbst dem Menschen primäre Evidenzen hinsichtlich des Richtigen und des Falschen, und zwar hinsichtlich des entsprechenden Verhaltens, gegeben hat.

Die darauffolgende Quaestio enthält neben den Gottesbeweisen die vielleicht berühmteste Textpassage in der *Summa theologiae.* (Sth. I-II, 91) Es ist die Typologie der unterschiedlichen, aber einander zugeordneten Formen des Gesetzes. Thomas versteht schon das Universum insgesamt als eine Art Gemeinschaft. Auch sie unterliegt daher einem Gesetz; hier nimmt er nochmals die Lehre von der göttlichen Vorsehung auf. Diese ist für die gesamte Schöpfung das ewige Gesetz (lex aeternum). Was für die gesamte Schöpfung gilt, hat aufgrund des Unterschieds von rationalen und vernunftlosen Wesen jeweils unterschiedliche Bedeutung. Die vernunftfreien Geschöpfe entsprechen von Natur aus dem göttlichen Gesetz, insofern sie eben den in ihrer Natur liegenden Neigungen folgen. Die Besonderheit der vernünftigen Geschöpfe liegt darin, daß sie nicht nur der Vorsehung unterliegen, sondern als Vernunftwesen auch selbst Voraussicht haben. Sie nehmen insofern am ewigen Gesetz teil, als auch sie »eine natürliche Neigung zur erforderlichen Handlung und Zielbestimmung haben« (Sth. I-II, 91, 2). Dieser Teilhabe gibt Thomas eine gesonderte Bezeichnung: »lex naturalis«. Das »natürliche Gesetz« ist die Teilhabe am ewigen. Es kann aber nur ganz allgemeinen Charakter haben. Die konkreten Regelungen menschlichen Tuns und Zusammenlebens haben daher einen noch abgeleiteteren Status. Diese als »lex humana« gefaßten Bestimmungen können nun nicht die unmittelbare Evidenz, die Unverrückbarkeit und die Irrtumsfreiheit haben, wie sie der allgemeinen Natur der Vernunft entspringen.

Elemente der Staatslehre

Abschließend sollen hier noch einige für die Staatslehre des Thomas einschlägige Themen, etwa die Lehre vom gerechten Krieg, ihren Ort haben. Thomas hat kein der Staats-, Sozial- oder Rechtsphilosophie exklusiv gewidmetes Werk geschrieben. Er hat aber in anderen Werken einschlägige Fragen behandelt. Hier ist zum einen eine Art »Fürstenspiegel« zu nennen – eine Literaturgattung, die von Xenophons *Kyropädie* bis zu Fénelons seinerzeit vielgelesenem *Télémaque* immer wieder, vor allem im Mittelalter, zahlreiche Vertreter gefunden hat.[63] Nicht formale Fragen der richtigen Verfassung eines Staates stehen hier im

Vordergrund, sondern vielmehr die richtige Verfassung des Herrschers: Welche Anlagen und Verhaltensweisen muß er haben, um ein guter Herrscher zu sein? Ein Herrscher gilt dabei dann als gut, wenn er dem Gemeinwohl, nicht dem Eigenwohl dient.

Zum anderen hat Thomas – als einer der ersten – einen Kommentar zur Aristotelischen *Politik* geschrieben. Wie die Schrift *Über die Herrschaft* ist auch der Politik-Kommentar unvollendet geblieben und wie jene Schrift von einem anderen vollendet worden (für den mittelalterlichen Begriff von Autorität von Belang!). Die Vollender waren jedoch verschiedene Autoren: Die Herrschaftsschrift hat der Schüler und spätere Biograph des Thomas, Ptolemaeus von Lucca, den Politik-Kommentar ein Lehrer der Artes-Fakultät, Petrus von Auvergne, vollendet.

Zunächst ist die Frage zu stellen, warum Menschen überhaupt eine Gesellschaft bilden. Thomas beantwortet sie mit Aristoteles: Die Gemeinschaftlichkeit entspricht der menschlichen Natur. Darin versteckt sich ein Votum innerhalb der in der Sophistik ausgebildeten Alternative, die hinsichtlich vieler Sachverhalte gefragt hatte, ob sie von Natur oder durch menschliche Konvention entstanden seien. Dies hatte bereits die Sklaverei in Frage gestellt: Sollte es von Natur Sklaven geben, oder sind sie nicht vielmehr ein Resultat menschlicher Setzung? Das war nicht nur als eine Klassifikationsmöglichkeit gedacht. Vielmehr wollte man angesichts der unübersehbaren Vielfältigkeit menschlicher »Setzungen« – Sitten, Gebräuche, Traditionen des Rechts – fragen, ob sie der Natur des Menschen entsprechen. Thomas Antwort ist hier eindeutig: Die Alternative von Natur und Satzung ist mit Bezug auf die staatliche Gemeinschaft nicht vollständig. Die Sozialität gründet zwar in der Natur des Menschen, doch ihre konkrete Ausgestaltung ist Sache der Vernunft und der Klugheit. Zudem: Um eine Konvention bilden zu können, müßten die Menschen ja schon in Austausch treten können. Die Setzungsthese setzt also das voraus, was sie erklären sollte.

Es wäre mithin auf diese Weise weder der Wille noch das Vermögen erklärbar. Diese Antwort ist aber auf der anderen Seite noch zu unspezifisch. Auch andere Lebewesen, Ameisen, Bienen, bilden »Staaten«. Thomas macht den Grund der Staatenbildung an der Sprache fest. Andere Lebewesen jedoch haben ebenfalls »Sprachen«! Die Besonderheit der menschlichen Sprache liegt nach Thomas darin, daß es in ihr um etwas geht. Sie ist nicht bloß Bekundung von Befindlichkeit (Lust oder Unlust), sondern drückt etwas aus. Sie wird daher vom Menschen auch verstanden. Es handelt sich dabei darüber hinaus um einen praktisch relevanten Gesichtspunkt. Thomas spricht wie Aristoteles zuerst vom Nützlichen und Schädlichen. Worin dies besteht, versteht sich nämlich für den Menschen nicht von selbst. Der Mensch muß sich das allererst erobern, was für ihn nützlich ist. Dies kann er allerdings nicht alleine. Wenn »Kommunikation« – so drückt es auch Thomas aus: »communicatio« – sein soll, dann bedarf es dazu der Sprache. Der Mensch hat also von Natur aus Sprache.

Es sollte nicht übersehen werden, daß Thomas keine genetische Theorie der Sprachentstehung auf der Basis eines anthropologischen Bedürfnisses entwickelt. Er sagt nur, daß der Mensch als einziges unter allen Lebewesen das hat, was Sprache genannt zu werden verdient, und daß dies seiner Natur entspricht. Das Fundament der Gemeinschaft ist also zum einen die Sprache.

Zum anderen sind die Menschen auch für die Fortpflanzung aufeinander angewiesen. Die Keimzelle aller Gemeinschaft ist nach Thomas die komplementäre Entsprechung der Geschlechter von Mann und Frau.

Der Staat ist aber für Thomas keine Notgemeinschaft. Er entsteht zwar, wie der berühmte Satz des Aristoteles lautet, der Notwendigkeit wegen. (Pol. III, 9) Dies darf jedoch nicht so verstanden werden, als würde die Notwendigkeit selbst etwas hervorbringen. Die Angewiesenheit könnte ebensogut der Grund dafür sein, daß das gerade untergeht, was eine solche Bedingung stellt. Der Staat hat wie alles einen bestimmten Zweck. Er existiert durch ein »bonum« und ist in der Erreichung desselben gerechtfertigt. Denn auch Thomas geht von der antagonistischen Grunderfahrung allen Gemeinschaftslebens aus: Einerseits ist der Mensch völlig darauf angewiesen, in Gemeinschaft leben zu können. Aristoteles hat einschränkend gesagt, daß nur ein Über- oder ein Untermensch sich außerhalb der menschlichen Gemeinschaft aufhält. Für letzteren führt er mit Aristoteles einen Wüterich aus der *Ilias* an; bei ersterem ist vielleicht – denn er sagt es nicht – an Menschen gedacht, die der reinen Theorie leben. Thomas verweist in seinem Kommentar auf Johannes den Täufer und den Eremiten Antonius. (In Polit. I, 1 [35])

Für die Bedürftigkeit des Menschen gibt Thomas eine Beschreibung, die an die Bestimmung des Menschen als Mängelwesen denken läßt:

»Es ist aber die natürliche Bestimmung des Menschen, das für gemeinschaftliches und staatliches Leben erschaffene Geschöpf zu sein, das gesellig lebt, weit mehr als andere Lebewesen. Schon die Notwendigkeit der menschlichen Natur gibt dafür die Erklärung. Anderen Geschöpfen hat die Natur die Nahrung bereitgestellt, die Bedeckung der Haare, Mittel zur Verteidigung, wie die Zähne, Hörner, Krallen, oder doch die Möglichkeit geschenkt, sich dem Gegner durch schnelle Flucht zu entziehen. Der Mensch aber ist mit keinem dieser Geschenke der Natur gerüstet, statt ihrer aller ist ihm die Vernunft gegeben, damit er, von ihr geleitet, imstande sei, sie sich selbst durch die Arbeit seiner Hände zu verschaffen.« (Über die Herrschaft I, 1 [übers. von F. Schreyvogel])

Auch in der *Summa theologiae* bringt Thomas diesen Gedanken vor. (Sth I, 76, 5 ad 4) Und auch hier sind die beiden Leistungen der Tiere und des Menschen durch ein »anstelle« (loco) verbunden. Die geistigen Leistungen kompensieren nicht einen Mangel, sondern substituieren andere Fähigkeiten. Die biologischen Defizienzen sind nicht eigentlich Mängel zu nennen, weil die Vernunft einen unendlichen Horizont aufspannt. Daher wären solche bereitgestellten, aber partikularen Lebensfunktionen gerade ein Hindernis für die Universalität des Geistes. Thomas faßt daher in gewisser Weise den Menschen noch einheitlicher als etwa später Arnold Gehlen, der den Begriff des »Mängelwesens« im Rückgriff auf Herder geprägt hat: »Anstelle dessen hat der Mensch Vernunft und Hände.« (Sth. I, 91, 3 ad 2) Der unendliche Horizont des Menschen drückt sich im geistigen Vermögen ebenso wie in der biologischen Ausstattung aus. Ebenso ist hervorzuheben, daß das – nicht nur von Gehlen angemahnte – Erfordernis, die innere Zusammengehörigkeit geistiger und biologischer Ausstattung zeigen zu können, auch von Thomas erfüllt wird. Die Vernunft ist kein kentaurenhafter Zusatz, sondern die Grundbestimmung des Menschen, welche ihrerseits die biologische Unspezialisiertheit – etwa der Hand – erforderlich macht und in dieser deshalb ihre Entsprechung hat. Die Bestimmung des Menschen kann er aufgrund seiner sprachlichen Natur nicht alleine erfüllen. Die Verbindung mit anderen Menschen zu sozialer Gemeinschaft und Staat entspricht daher seiner Natur und ist nicht (wie bei Hobbes) deren Eindämmung aus wohlverstandenem Eigeninteresse. Da die Bestrebungen des Menschen jedoch nur partiell konvergieren, bedarf es der Institution des Herrschers, der die Vielheit der Menschen zur Einheit bringt.

Thomas nimmt nochmals die Diskussion des Eigentums auf, die bereits Aristoteles in seiner *Politik* mit Platon geführt hat. Dabei zeigt sich, daß Thomas im wesentlichen die Argumente für privates Eigentum, die Aristoteles vorgebracht hat, übernimmt. Die Gründe sind in erster Linie sozialer Natur: Privateigentum gewährleistet eher ein vernünftiges Arbeitsethos und eine geordnete Güterversorgung als bloßes Gemeineigentum, für das sich dann niemand im selben Maße verantwortlich fühlt. Auf diese Weise ist auch der soziale Friede leichter aufrechtzuerhalten. (Sth. II-II, 66, 2) Aber dies ist natürlich nicht eine Wiederholung einer Diskussion, die zu Thomas' Zeit bereits zwei Jahrtausende zurücklag. Schließlich gehörte er selbst zu einem Bettelorden, so daß die Frage nach persönlichem oder bloß gemeinsamem Eigentum sogar ins Zentrum einer neuen Lebensweise rückte, von der zu seiner Zeit umstritten war, ob sie zu Recht als christlich anerkannt werden kann.[64]

Sozialphilosophisch ist von Belang, daß Thomas angesichts der Armen eine Pflicht zu sozialem Ausgleich statuiert. (Sth. II-II, 66, 7) Reichtum kann durchaus mit Vollkommenheit zusammenbestehen, so daß Nachlässigkeit sogar tadelnswert wäre. (Sth. II-II, 186, 4 ad 2) Die Sorge für die Armen darf also nicht in der Furcht gründen, sie könnten unter Umständen gefährlich werden, sondern vielmehr in der Caritas. Die almosenspendende Nächstenliebe, durch die die Geldliebe vernünftig geregelt wird, gehört ins Kapitel der Gerechtigkeit. Strenge Pflicht ist sie in zwei Fällen: wenn ein bestimmter Mensch sich in großer Not befindet und wenn man selbst Überfluß hat. (Sent. IV d. 15 q. 2; Sth. II-II, 32, 2) Denn das Privateigentum ist ja nur das gegebene Mittel, um jedes Gut seiner eigentlichen Bestimmung, allen zu dienen, entgegenzuführen. Wird im Falle äußerster Not ein Ding dieser Bestimmung entzogen, so wird es automatisch öffentliches Eigentum, denn das Recht auf Leben steht höher als das Eigentumsrecht. (Sth. II-II, 31, 3)

Ein letztes Thema muß in diesem Zusammenhang noch angeschnitten werden: die Frage des gerechten Krieges.[65] Dies nicht deswegen, weil es etwa für Thomas selbst von hervorgehobener Bedeutung wäre, sondern deshalb, weil seine Antwort einerseits verdächtig scheint – wie kann man überhaupt kriegerische Gewalt unter bestimmten Bedingungen für gerechtfertigt halten? –, sie aber andererseits wie vieles andere bei Thomas eine anerkannt klassische Formulierung gefunden hat. Thomas erörtert dieses Problem in der Moraltheologie. Nachdem er die Barmherzigkeit, das Almosengeben und die brüderliche Zurechtweisung besprochen hat, greift er die Felder auf, auf denen dies vonnöten ist: Haß, Überdruß, Neid, Streit. Hierzu gehören verschiedene Phänomene wie Schisma, Aufstand, Skandal und eben auch Krieg. Die Frage, die Thomas sich stellt, ist: ob ein Krieg immer Sünde ist. Er verneint sie für den Fall, daß der Krieg gerechtfertigt ist. Das ist er aber nur unter bestimmten Bedingungen. Thomas nennt drei: 1. Die Autorität des Staatsführers: Ein Privatmann hat per definitionem auch nur private Zwecke, und diese können niemals Krieg rechtfertigen. Aber so wie die staatliche Gewalt auch dazu in Anspruch genommen wird, die soziale Ordnung vor ihrer Zerstörung zu schützen, so kann sie für den Schutz vor äußeren Feinden gebraucht werden. 2. Die gerechte Sache: Diese ist dann gegeben, wenn ein Angreifer sich schuldig gemacht hat (culpa) und daher Vergeltung verdient. Und 3. die richtige Absicht der Kämpfenden: Der Krieg muß zu einem Guten führen oder doch ein Übel beseitigen. Dies ist Thomas offenbar besonders wichtig, denn hier weist er ausdrücklich darauf hin, daß ein Krieg, auch wenn die beiden anderen Bedingungen erfüllt wären, durch die schlechte Absicht einer oder beider kriegführenden Parteien seine Rechtfertigung wieder verlöre. Krieg hat also nichts Positives mit dem Zweck des Menschen oder des Staates zu tun. Thomas sagt mit Aristoteles: »Der Krieg wird um des Friedens willen geführt, nicht umgekehrt.« (In Polit. II, 14 [319])

Anhang

Anmerkungen

1 Es ist üblich geworden, das Wort »thomasisch« oder »Thomasisch« zu verwenden, wenn man das Denken des Thomas selbst meint, »thomistisch« hingegen, wenn man die Tradition bezeichnen will, die sich – nicht immer zu Recht – auf Thomas berufen hat und sein Denken fortführen wollte.

2 Vgl. R. Spaemann, Die kontroverse Natur der Philosophie, in: ders., Philosophische Essays, München 1983, S. 104-130.

3 Vgl. R. Heinzmann, Die Theologie auf dem Weg zur Wissenschaft. Zur Entwicklung der theologischen Systematik, in: Thomas von Aquin I: Chronologie und Werkanalyse, hrsg. von K. Bernath, Darmstadt 1978, S. 453-469; U. Köpf, Die Anfänge der theologischen Wissenschaftstheorie im 13. Jahrhundert, Tübingen 1974.

4 Contra impugnantes Dei cultum et religionum; De perfectione spiritualis vitae; Contra doctrinam retrahentium a religione; Sth. II-II, qq. 180 ff.

5 G.K. Chesterton, Thomas von Aquin, 2. Aufl., Heidelberg 1957, S. 59.

6 Albertus Magnus, De natura loci, 3, 2; ed. Col. V/2, 34: civitas philosophorum.

7 R. Grosseteste, Hexaëmeron, hrsg. von R.C. Dales/S. Gieben, Oxford 1982, S. 61.

8 Vgl. A. Dempf, Die Hauptform mittelalterlicher Weltanschauung, München/Berlin 1925, S. 158; R. Guardini, Das Ende der Neuzeit, Paderborn 1986, S. 20; M. Grabmann, Thomas von Aquin. Eine Einführung in seine Persönlichkeit und Gedankenwelt, 6. Aufl., München 1935.

9 Vgl. M. Heidegger, Schelling: Über das Wesen der menschlichen Freiheit, in: ders., Gesamtausgabe, Bd. 42, Frankfurt/M. 1987, S. 48 f.

10 W. Kluxen, Institution und Ideengeschichte. Zur geschichtlichen Bedeutung der mittelalterlichen Universität, in: Philosophy and Learning. Universities in the Middle Ages, hrsg. von M. Hoenen u.a., Leiden 1995, S. 12.

11 Albertus Magnus, Phys. VIII, 1, 14; ed. Col. IV/2, 578.

12 Als jüngsten Beitrag sei verwiesen auf: W. Metz, Die Architektonik der Summa Theologiae des Thomas von Aquin. Zur Gesamtsicht des thomasischen Gedankens, Hamburg 1998.

13 Vgl. J.-P. Torrell, Magister Thomas. Leben und Werk des Thomas von Aquin, Freiburg 1995, S. 255.

14 Vgl. J. Weisheipl, Thomas von Aquin. Sein Leben und seine Theologie, Graz/Wien/Köln 1980, S. 300-302.

15 Die verschiedenen Redestile unterscheidend, bemerkt Thomas einmal, der demütige komme dem Lehrenden zu: Super Psalmos 18, 2; ed. Vivès XVIII, 328 a.

16 J. Pieper, Thomas von Aquin. Leben und Werk, 4. Aufl., München 1990, S. 20 f.

17 Immerhin aber hebt Thomas beiläufig die »wunderbare Umsicht und Ordnung im Vorgehen des Aristoteles« (De unit. intell., 1 [183]), die »wunderbare Kürze« (In Periherm. I, 7 [83]) hervor. Insgesamt sei es »die Eigentümlichkeit seiner Philosophie, vom Offenkundigen nicht abzuweichen« (De spir. creat., 5; vgl. De subst. sep. 2 [53]; 4 [61]).

18 Latein: si quid autem in dictis philosophorum invenitur contrarium fidei, hoc non est philosophia, sed magis philosophiae abusus ex defectu rationis. – Albertus Magnus schreibt in seiner *Summa de creaturis,* II q. 5 a. 2; ed. Borgnet XXXV, 72 a: »Gemäß dem katholischen Glauben und gemäß allen *recht Philosophierenden* sagen wir, daß Gott und Seele und Hyle nicht dasselbe sind.« Duns Scotus formuliert einen ähnlichen Freiraum: »Vieles haben die Philosophen nicht behauptet, was gleichwohl durch die natürliche Vernunft erkannt werden kann; und vieles behaupten sie, was nicht bewiesen werden kann. (Multa enim non posuerunt philosophi, quae tamen possunt cognosci per naturalem rationem; et multa ponunt, quae non possunt demonstrari)« Rep. Par. II d. 2 q. 3 n. 3; ed. Vivés XXII, 536 a; übrigens kann sogar Bonaventura sagen, Sent. II p. 1 a. 1 q. 2 ad 2 (II, 24 a): »All dies zeigt eher Wahnsinn als Philosophie oder irgendeinen vernünftigen Grund (Haec omnia dementiam indicant magis quam philosophiam vel rationem aliquam).«

19 So wie später auch Johannes Duns Scotus sagt, daß der Glaube den Zweifel nicht ausschließt (Ord. III d. 24 n. 17; ed. Vivès XV, 48 a); ähnlich Meister Eckhart, Joh. n. 158, n. 406 (LW III, 130, 345).

20 Dies erinnert übrigens an einen Satz Platons im Gorgias 473 b.
21 Bonaventura, Hexaëmeron XIX, 14 (Opera omnia V, 422 b).
22 Latein: pagani multi fuerunt philosophi et multa dixerunt de his quae pertinent ad fidem, et vix invenietis duos concordare in unam sententiam; et quicumque aliquid veritatis dixit, non dixit eam sine admixtione falsitatis. Plus scit modo una vetula de his quae ad fidem pertinent, quam quondam omnes philosophi; Expos. in Symb. Apost., prol. (862): »Kein Philosoph vermochte vor der Ankunft Christi mit seinem ganzen Bestreben so viel über Gott und das zum ewigen Heil Notwendige wissen, wie nach der Ankunft Christi ein Weiblein durch den Glauben weiß.«
23 M.-D. Chenu, Das Werk des Hl. Thomas von Aquin, 2. Aufl., Graz/Wien/Köln 1982, S. 248; es lassen sich allerdings nicht alle gegebenen Beispiele aufrechterhalten.
24 É. Gilson, History of the Christian Philosophy in the Middle Ages, London 1955, S. 365.
25 Davon findet sich eine Übersetzung in: Thomas von Aquin, Prologe zu den Aristoteleskommentaren, hrsg., übers. und eingel. von F. Cheneval/R. Imbach, Frankfurt/M. 1993, S. 98-105.
26 Es wäre, wie eine Diskussion vor mehreren Jahrzehnten ergeben hat, ein naiver Anachronismus, wollte man der Thomasischen Metaphysik in cartesischer Manier eine Erkenntnistheorie, eine Reflexion auf die Bedingungen und Grenzen menschlicher Erkenntnis vorschalten. Thomas geht allerdings durchaus vom Begriff des Wissens aus.
27 Aristoteles, Met. VI, 1; 1026 a 19.
28 Siger von Brabant, Quaestiones, in: Met. IV, comm., hrsg. von W. Dunphy, Löwen 1981, S. 170.
29 Ähnlich ausdrücklich auch schon: Avicenna, Met. I, 3; so auch wieder: Duns Scotus, Ord. I d. 3 n. 77; ed. Vat. III, 53.
30 Latein: »›esse‹ actum quendam nominat: non enim dicitur esse aliquid ex hoc quod est in potentia, sed ex eo quod est in actu.«
31 Aristoteles, Int., 3; 16 b 21-25.
32 Vgl. A. Zimmermann, Ipsum enim »est« nihil est (Aristoteles, Periherm. I, c. 3). Thomas von Aquin über die Bedeutung der Kopula, in: Miscellanea Mediaevalia 8, 1971, S. 282-295.
33 M. Heidegger, Sein und Zeit, 12. Aufl., Tübingen 1972, S. 3.

34 Mit einer Formulierung des Boethius, De trin. 2: »Denn alles Sein ist aus der Form (omne namque esse ex forma est).«

35 É. Gilson, Le thomisme. Introduction à la philosophie de Saint Thomas d'Aquin, 5. Aufl., Paris 1944, S. 43-87, 123-139; ders., L'être et l'essence, Paris 1948, S. 78-120; H. Deku, Quod deus sit, in: Wahrheit und Unwahrheit der Tradition, hrsg. von W. Beierwaltes, St. Ottilien 1986, S. 47-73, hier 54 n. 48.

36 Sth. I, 3, 4: »Das Sein ist die Wirklichkeit jeder Form oder Natur.«

37 Aristoteles, Nik. Eth. I, 1; 1094 a 3.

38 I. Kant, Kritik der reinen Vernunft, B 613.

39 Weitere Texte: Sth. I, 2, 3; De ente, 5; Cth. 1, 3; s. Ioan., prol. (3-6); vgl. F. van Steenberghen, Le problème de l'existence de Dieu dans les écrits de saint Thomas d' Aquin, Löwen 1980.

40 Maimonides, Führer der Unschlüssigen, I, 60.

41 A.N. Whitehead, Science and the Modern World, Cambridge 1953, S. 222.

42 Gregor der Große, Moralia in Iob, V 36, 66 (CCSL 143, 265).

43 Etwa Albertus Magnus, De homine, ed. Borgnet XXXV (von ca. 1242).

44 In I Cor. 15, l. 2 (924): »Meine Seele ist nicht das Ich.«

45 Sth. I, 29, 3: »›Person‹ bezeichnet das, was das Vollkommenste in der gesamten Natur ist.«

46 Siger von Brabant: »Nicht der Mensch denkt, sondern wird gedacht (homo non intelligit, sed intelligitur).« (Zit. nach: J. Hirschberger, Geschichte der Philosophie, Bd. 1, 8. Aufl., Hamburg 1965, S. 535)

47 Augustinus, Confessiones III, 6, 11 (CCSL 27, 33).

48 De unitate intellectus, cap. 3; ed. Leon. XLIII p. 303 l. 96, 100. Übersetzung: Thomas von Aquin, Über die Einheit des Geistes gegen die Averroisten, übers. und erläutert von W.-U. Klünker, Stuttgart 1987. – Die bisher einzige deutsche Übersetzung des Thomasischen Traktates; diese wie auch die Anmerkungen sind nicht durchweg zuverlässig, in anderen Thomas-Ausgaben dieser anthroposophischen Reihe mitunter irreführend. Jene Formel gebraucht Thomas auch in: In de anima, III, 7 (690, 695); Sth. I, 75, 5.

49 Sth. I q. 12 a. 11 ad 3: »Das natürliche Licht der Vernunft selbst ist eine gewisse Teilhabe am göttlichen Licht.« In De trinitate q. 1 a. 1: »Der menschliche Geist bedarf bei jeder Erkenntnis der Wahrheit

der göttlichen Tätigkeit«; q. 1 a. 3 ad 1: »er selbst ist nur wirksam durch das erste Licht«.

50 Sth. I, 77, 7: »Der Sinn ist eine Art mangelhafte Teilhabe am Verstand.«

51 Vgl. É. Gilson, Pourquoi saint Thomas a critiqué saint Augustin, in: Archives d'histoire doctrinale et littéraire du moyen âge, 1, 1926-1927, S. 5-127.

52 Johannes a Sancto Thoma, Curs. theol., In I, 14; disp. 16 a. 1, 18; ed. Solesm. II, 333.

53 Es scheint mir allerdings zu weitgehend zu sagen, Thomas' Beweis habe damit »nichts gemein«, so R. Heinzmann, Philosophie des Mittelalters, Stuttgart 1992, S. 216; ders., Thomas von Aquin. Eine Einführung in sein Denken, Stuttgart 1994, S. 47.

54 Vgl. W. Kluxen, Seele und Unsterblichkeit bei Thomas von Aquin, in: Seele. Ihre Wirklichkeit, ihr Verhältnis zum Leib und zur menschlichen Person, hrsg. von K. Kremer, Leiden/Köln 1984, S. 66-83, hier S. 80.

55 Augustinus, De trin. VIII 4, 6 (CCSL 50 A, 275): »Wer liebt, was er nicht kennt?«; vgl. auch Anselm von Canterbury, De concordia III, 6 (Opera omnia II, 270): »Niemand kann nämlich wollen, was er nicht zuvor im Herzen begriffen hat.«

56 B. von Clairvaux, S. cant. 81, IV, 9 (II, 289): »porro ubi voluntas, et libertas«.

57 Deutscher Text in: G. Siewerth, Die menschliche Willensfreiheit. Texte zur thomistischen Freiheitslehre, Düsseldorf 1954, S. 137-162.

58 Anselm von Canterbury, Über die Vereinbarkeit des Vorherwissens, der Vorherbestimmung der Gnade Gottes mit dem freien Willen, III, 11; in: ders., Freiheitsschriften, übers. und eingel. von H. Verweyen, Freiburg 1994, S. 347.

59 Aristoteles, Über die Seele, III, 10; 432 b 5.

60 Vgl. ders., Nik. Eth. I, 2; 1095 a 18-20.

61 Vgl. Augustinus, De trin. XIII 4, 7 (CCSL 50 A, 389 ff.).

62 Im Deutschen hat ursprünglich dasselbe Verbum »bewegen« sogar zwei Imperfektformen: »ich bewegte« und »ich bewog«; wozu Jakob Grimm in seinem Wörterbuch bemerkt: »ein schweres wort, bei dem vorsicht noth thut« (I col. 1768).

63 Vgl. W. Berges, Die Fürstenspiegel des hohen und späten Mittelalters, Leipzig 1938.

64 Wir können dieses Thema hier nicht weiter verfolgen. Zur ausführlicheren Beschäftigung damit vgl.: U. Horst, Evangelische Armut und Kirche. Thomas von Aquin und die Armutskontroversen des 13. und beginnenden 14. Jahrhunderts, Berlin 1992.

65 Vgl. F.H. Russell, The Just War in the Middle Ages, Cambridge 1975, S. 258 ff.

Literaturhinweise

1. Werke des Thomas von Aquin

a) Gesamtausgaben

Opera omnia, hrsg. von E. Fretté/P. Maré, 2. Aufl., Paris 1889-90 (die 34 Bände enthalten fast alle Schriften des Thomas, dazu noch eine stattliche Reihe Pseudoepigraphen).

Opera omnia, Stuttgart 1980 (Basistext des Index thomisticus; nicht leserfreundlich gedruckt, aber klare Trennung der echten und unechten Werke des Thomas).

Opera omnia iussu Leonis XIII edita cura et studio Fratrum Praedicatorum, Rom 1882 ff. (maßgebliche, aber noch nicht abgeschlossene Ausgabe).

b) Ausgewählte deutsche Übersetzungen

Die deutsche Thomasausgabe. Dt.-lat. Ausg. der Summa theologica, hrsg. von H. Christmann u.a., Salzburg 1934 (noch unvollst.).

Die menschliche Willensfreiheit. Texte zur thomistischen Freiheitslehre, lat./dt., Einl. von G. Siewerth, übers. von P. Wehbrink, Düsseldorf 1954.

Compendium theologiae. Grundriß der Glaubenslehre, lat./dt., übers. von H.L. Fäh, hrsg. von R. Tannhof, Heidelberg 1963.

Untersuchungen über die Wahrheit (Quaestiones disputatae de veritate), übers. von E. Stein, 3. Aufl., Löwen/Freiburg 1964.

Summe gegen die Heiden, Darmstadt 1974-1996.

Über die Herrschaft der Fürsten, übers. von F. Schreyvogel, Stuttgart 1975.

De rationibus fidei, kommentierte dt.-lat. Textausgabe von L. Hagemann/R. Glei, Altenberge 1987 (Corpus islamo-christianum 2).

Von der Wahrheit. De veritate q. 1, lat./dt., hrsg., übers. und eingel. von A. Zimmermann, Hamburg 1985.
Fünf Fragen über die intellektuelle Erkenntnis, Sth. I, qq. 84-88, übers. und erl. von E. Rolfes, Hamburg 1986 [1917].
Die Gottesbeweise in der Summa contra gentiles und der Summa theologica, lat./dt., hrsg., eingel. und komm. von H. Seidl, 2. Aufl., Hamburg 1986.
Über die Einheit des Geistes gegen die Averroisten, Stuttgart 1987.
Über die Bewegung des Herzens, lat./dt., übers., eingel. und erl. von W.-U. Klüncker, Stuttgart 1987.
Über Seiendes und Wesenheit. De ente et essentia, lat./dt., eingel., übers. und komm. von H. Seidl, Hamburg 1988.
Über den Lehrer. De magistro (De ver. 11; Sth. I, 117, 1), lat./dt., hrsg., übers. und komm. von D. Jüssen/G. Krieger/J.H.J. Schneider, eingel. von H. Pauli, Hamburg 1988.
Über die Sittlichkeit der Handlung, Sum. theol. I-II, q. 18-21, eingel. von R. Spaemann, übers. und komm. von R. Schönberger, Weinheim 1990.
Prologe zu den Aristoteles-Kommentaren, lat./dt., hrsg., übers. und eingel. von R. Imbach/F. Cheneval, Frankfurt/M. 1993.

c) Siglen

Cth.	Compendium theologiae
De an.	Quaestiones disputatae de anima
De ente	De ente et essentia
De malo	Quaestiones disputatae de malo
De unit. intell.	De unitate intellectus
De pot.	Quaestiones disputatae de potentia
De spir. creat.	Quaestiones disputatae de spiritualibus creaturis
De ver.	Quaestiones disputatae de veritate
De virt. in comm.	Quaestiones disputatae de virtutibus in communi
In Cor.	Expositio super epistolas Pauli apostoli, Epistola ad Corinthos
In De an.	Sentencia libri De anima
In De causis	Super librum De causis
In De div. nom.	Super librum Dionysii De divinis nominibus

In De hebd.	Expositio libri Boetii De ebdomadibus
In De trin.	Super libros Boetii De trinitate
In Eth.	Sententia libri Ethicorum
In Iob.	Expositio super Iob ad litteram
In Met.	Sentencia libri Metaphysicae
In Phys.	In Aristoteles libros Physicorum
In Polit.	Sentencia libri Politicorum
In Symb. Apost.	Expositio in Symbolum Apostolorum (=Super Credo)
Qdl.	Quaestiones de quolibet
ScG	Summa contra gentiles
Sent.	Super IV Sententiarum
S.Ioan.	Super Ioannem evangelium
Sth.	Summa theologiae

Zitationsweise

Wenn möglich, werden die Thomas-Texte mit den Nummern der sog. Marietti-Ausgabe zitiert, deren Randnummern in eckigen Klammern aufgenommen sind, und auch in der normalisierten Schreibweise wiedergegeben; alle Belege sind aber, soweit möglich, an der Editio Leonina (ed. Leon.), der noch in Arbeit befindlichen großen kritischen Thomas-Ausgabe, überprüft.

Andere Abkürzungen

a.	articulus
CCSL	Corpus Christianorum, series latina
ed. Col.	editio Coloniensis
ed. Leon.	editio Leonina
ed. Vat.	editio Vaticana
LW	Lateinische Werke
Met.	Metaphysica
Nik. Eth.	Nikomachische Ethik
Ord.	Ordinatio
Pol.	Politik

q. quaestio (Frage)
S. cant. Sermones super Cantica Cantinorum

2. Ausgewählte Sekundärliteratur

Chenu, M.-D., Das Werk des Hl. Thomas von Aquin, 2. Aufl., Graz/Wien/Köln 1982.

Ders., Thomas von Aquin, Hamburg 1960.

Chesterton, G.K., Thomas von Aquin, 2. Aufl., Heidelberg 1957.

Davies, B., The Thought of Thomas Aquinas, Oxford 1992.

Deku, H., Correctorium Corruptorii, in: Philosophisches Jahrbuch 65, 1957, S. 58-85.

Ders., Wahrheit und Unwahrheit der Tradition, hrsg. von W. Beierwaltes, St. Ottilien 1986.

Gilson, É., History of Christian Philosophy in the Middle Ages, London 1955.

Ders., La philosophie au moyen âge. Des origines patristiques à la fin du XIVe siècle, 2. Aufl., Paris 1947.

Ders., L'esprit de la philosophie médiévale, Paris 1932.

Ders., Le thomisme. Introduction à la philosophie de Saint Thomas d'Aquin, 5. Aufl., Paris 1944.

Ders., L'être et l'essence, Paris 1948 (etwas abweichende engl. Ausgabe: Being and Some Philosophers, 2. Aufl., Toronto 1952).

Ders., Pourquoi saint Thomas a critiqué saint Augustin, in: Archives d'histoire doctrinale et litteraire du moyen âge, 1, 1926-1927, S. 5-127.

Grabmann, M., Thomas von Aquin. Eine Einführung in seine Persönlichkeit und Gedankenwelt, 6. Aufl., München 1935.

Heinzmann, R., Philosophie des Mittelalters, Stuttgart 1992.

Ders., Thomas von Aquin (1224/25-1274), in: Klassiker der Philosophie, hrsg. von O. Höffe, 2. Aufl., München 1985, S. 198-219.

Ders., Thomas von Aquin. Eine Einführung in sein Denken. Mit ausgewählten lateinisch-deutschen Texten, Stuttgart 1994.

Kluxen, W., Institution und Ideengeschichte. Zur geschichtlichen Bedeutung der mittelalterlichen Universität, in: Philosophy and Learning. Universities in the Middle Ages, hrsg. von M. Hoenen u.a., Leiden 1995, S. 3-16.

Ders., Philosophische Ethik bei Thomas von Aquin, Mainz 1964, 2. Aufl., Hamburg 1980.
Ders., Thomas von Aquin: Das Seiende und seine Prinzipien, in: Grundprobleme der großen Philosophen, hrsg. von J. Speck, Göttingen 1972, S. 177-220.
Ders. (Hg.), Thomas von Aquin im philosophischen Gespräch, Freiburg/München 1975.
Köpf, U., Die Anfänge der theologischen Wissenschaftstheorie im 13. Jahrhundert, Tübingen 1974.
Kretzmann, N./Stump, E. (Hg.), The Cambridge Companion to Aquinas, Cambridge 1993.
Maritain, J., Le Docteur Angélique, Paris 1930; jetzt in: Œuvres complètes, Bd. IV, Fribourg 1983, S. 9-191.
Mensching, G., Thomas von Aquin, Frankfurt/M./New York 1995.
Oeing-Hanhoff, L., Ens et unum convertuntur, Münster 1953.
Ders. (Hg.), Thomas von Aquin 1274/1974, München 1974.
Pesch, O.H., Thomas von Aquin. Grenze und Größe mittelalterlicher Theologie. Eine Einführung, Mainz 1988.
Pieper, J., Philosophia negativa. Zwei Versuche über Thomas von Aquin, München 1953.
Ders., Scholastik. Gestalten und Probleme der mittelalterlichen Philosophie, 2. Aufl., München 1986.
Ders., Thomas von Aquin. Leben und Werk, 4. Aufl., München 1990.
Ders., Über Thomas von Aquin, 2. Aufl., München 1949.
Schenk, R., Die Gnade vollendeter Endlichkeit. Zur transzendentaltheologischen Auslegung der thomasischen Anthropologie, Freiburg/Basel/Wien 1989.
Sertillanges, A.D., Der hl. Thomas von Aquin, 2. Aufl., Köln/Olten 1954.
Siewerth, G., Der Thomismus als Identitätssystem, in: ders., Gesammelte Werke, Bd. 2, Düsseldorf 1979 [1939].
Torrell, J.-P., Magister Thomas. Leben und Werk des Thomas von Aquin, Freiburg 1995.
Weisheipl, J.A., Thomas von Aquin. Sein Leben und seine Theologie, Graz/Wien/Köln 1980.
Zimmermann, A., Thomas von Aquin, in: Klassiker des philosophischen Denkens, hrsg. von N. Hoerster, München 1982, S. 109-155.

Zeittafel

1224/25	Thomas von Aquin wird auf dem Schloß Roccasecca in der Grafschaft Aquino geboren.
1230?-39	Oblate in der Benediktinerabtei Monte Cassino.
1239-44	Studium an der kaiserlichen Universität in Neapel.
1244	Eintritt in den Dominikanerorden.
1244-45	Hausarrest durch die Familie.
1245-48	Studium bei Albertus Magnus in Paris.
1248-52	Fortsetzung des Studiums in Köln; Assistent bei Albert; *Isaias-Kommentar.*
1252-56	Thomas liest in Paris die Sentenzen; *De principiis naturae; De ente et essentia.*
1256-59	Magister (Professor) der Theologie.
1259-61	Aufenthalt in Neapel (?); *Summa contra gentiles.*
1261-65	Thomas ist als Lektor am Dominikanerkonvent in Orvieto tätig; Arbeit an den griechischen Kirchenvätern; *Hiob-Kommentar.*
1265-68	Thomas ist fungierender Magister in Rom; Beginn der Arbeit an der *Summa theologiae; De potentia; Compendium theologiae;* erster Aristoteles-Kommentar *(Über die Seele).*
1268-72	Thomas wird als einziger Dominikaner zum zweiten Mal fungierender Magister in Paris; eine Fülle von Schrift- und Aristoteles-Kommentaren, aber auch von polemischen Schriften entstehen: *Matthäus-* und *Johannes-Kommentar; De unitate intellectu; De aeternitate mundi.*
1272-73	Fungierender Magister in Neapel.
1274	Thomas stirbt am 7. März auf dem Wege zum Konzil von Lyon in Fossanuova.
1323	Heiligsprechung.
1567	Thomas wird von der katholischen Kirche zum Kirchenlehrer erhoben.

Rolf Schönberger, geb. 1954, Prof. Dr. phil., Studium der Philosophie, Katholischen Theologie, Alten Geschichte. Professor für Philosophie an der Universität Regensburg. Buchveröffentlichungen u.a.: Nomina divina. Zur theologischen Semantik bei Thomas von Aquin (1981); Die Transformation des klassischen Seinsverständnisses. Studien zur Vorgeschichte des neuzeitlichen Seinsbegriffs im Mittelalter (1986); Thomas von Aquin, Über die Sittlichkeit der Handlung, Sum. theol. I-II, q. 18-21, eingel. von R. Spaemann, übers. und komm. von R. Schönberger (1990); Die Gegenwart Ockhams, hrsg. von W. Vossenkuhl/R. Schönberger (1990); Was ist Scholastik? (1991); Repertorium edierter Texte aus dem Bereich der mittelalterlichen Philosophie und ihrer angrenzenden Gebiete (1994); Relation als Vergleich. Die Relationstheorie des Johannes Buridan im Kontext seines Denkens und der Scholastik (1994).

In der Reihe »Zur Einführung« im Junius Verlag bisher erschienen:

Theodor W. Adorno
von Gerhard Schweppenhäuser

Hans Albert
von Eric Hilgendorf

Günther Anders
von Konrad Paul Liessmann

Karl-Otto Apel
von Walter Reese-Schäfer

Hannah Arendt
von Karl-Heinz Breier

Ingeborg Bachmann
von Stefanie Golisch

Roland Barthes
von Gabriele Röttger-Denker

Georges Bataille
von Peter Wiechens

Jean Baudrillard
von Falko Blask

Samuel Beckett
von Friedhelm Rathjen

Henri Bergson
von Gilles Deleuze

Ernst Bloch
von Detlef Horster

Hans Blumenberg
von Franz Josef Wetz

Pierre Bourdieu
von Markus Schwingel

Giordano Bruno
von Anne Eusterschulte

Martin Buber
von Siegbert Wolf

Edmund Burke
von Robert Zimmer

Elias Canetti
von Dagmar Barnouw

Ernst Cassirer
von Heinz Paetzold

E.M. Cioran
von Richard Reschika

Donald Davidson
von Kathrin Glüer

Jacques Derrida
von Heinz Kimmerle

John Dewey
von Martin Suhr

Denis Diderot
von Ralph-Rainer Wuthenow

In der Reihe »Zur Einführung« im Junius Verlag bisher erschienen:

Wilhelm Dilthey
von Matthias Jung

Meister Eckhart
von Norbert Winkler

Umberto Eco
von Dieter Mersch

Mircea Eliade
von Richard Reschika

Norbert Elias
von Ralf Baumgart
und Volker Eichener

Paul K. Feyerabend
von Eberhard Döring

Johann Gottlieb Fichte
von Helmut Seidel

Michel Foucault
von Hinrich Fink-Eitel

Paulo Freire
von Dimas Figueroa

Anna Freud
von Rolf Denker

Sigmund Freud
von Hans-Martin Lohmann

Salomo Friedlaender (Mynona)
von Peter Cardorff

Erich Fromm
von Helmut Wehr

Johann Wolfgang von Goethe
von Peter Matussek

Jürgen Habermas
von Detlef Horster

Nicolai Hartmann
von Martin Morgenstern

Martin Heidegger
von Günter Figal

Heinrich Heine
von Ralf Schnell

Johann Gottfried Herder
von Jens Heise

Thomas Hobbes
von Wolfgang Kersting

Friedrich Hölderlin
von Henning Bothe

E.T.A. Hoffmann
von Detlef Kremer

Max Horkheimer
von Rolf Wiggershaus

Edmund Husserl
von Peter Prechtl

In der Reihe »Zur Einführung« im Junius Verlag bisher erschienen:

William James
von Rainer Diaz-Bone
und Klaus Schubert

Karl Jaspers
von Werner Schüßler

Jesus
von Peter Antes

Uwe Johnson
von Stefanie Golisch

Hans Jonas
von Franz Josef Wetz

C.G. Jung
von Micha Brumlik

Franz Kafka
von Wiebrecht Ries

Immanuel Kant
von Jean Grondin

Sören Kierkegaard
von Konrad Paul Liessmann

Alexander Kluge
von Rainer Stollmann

Lawrence Kohlberg
von Detlef Garz

Heinz Kohut
von Ralph J. Butzer

Siegfried Kracauer
von Gertrud Koch

Julia Kristeva
von Inge Suchsland

Jacques Lacan
von Gerda Pagel

Lao-tzu
von Florian C. Reiter

Emmanuel Lévinas
von Bernhard H.F. Taureck

Claude Lévi-Strauss
von Edmund Leach

John Locke
von Walter Euchner

Niklas Luhmann
von Walter Reese-Schäfer

Georg Lukács
von Rüdiger Dannemann

Martin Luther
von Dietrich Korsch

Jean-François Lyotard
von Walter Reese-Schäfer

Niccolò Machiavelli
von Quentin Skinner

In der Reihe »Zur Einführung« im Junius Verlag bisher erschienen:

Karl Mannheim
von Wilhelm Hofmann

Herbert Marcuse
von Hauke Brunkhorst
und Gertrud Koch

Karl Marx
von Ossip K. Flechtheim
und Hans-Martin Lohmann

George Herbert Mead
von Harald Wenzel

Maurice Merleau-Ponty
von Christian Bermes

Conrad Ferdinand Meyer
von Andrea Jäger

Montaigne
von Peter Burke

Montesquieu
von Michael Hereth

Robert Musil
von Thomas Pekar

Friedrich Nietzsche
von Wiebrecht Ries

Novalis
von Berbeli Wanning

Blaise Pascal
von Eduard Zwierlein

Jean Piaget
von Ingrid Scharlau

Platon
von Barbara Zehnpfennig

Ezra Pound
von Alexander Schmitz

John Rawls
von Wolfgang Kersting

Wilhelm Reich
von Martin Konitzer

Paul Ricœur
von Jens Mattern

Richard Rorty
von Detlef Horster

Jean-Paul Sartre
von Martin Suhr

Ferdinand de Saussure
von Peter Prechtl

Friedrich W.J. Schelling
von Franz Josef Wetz

Carl Schmitt
von Reinhard Mehring

In der Reihe »Zur Einführung« im Junius Verlag bisher erschienen:

Arthur Schopenhauer
von Wolfgang Korfmacher

William Shakespeare
von Bernhard H.F. Taureck

Georg Simmel
von Werner Jung

Baruch de Spinoza
von Helmut Seidel

Rudolf Steiner
von Gerhard Wehr

Leo Strauss
von Clemens Kauffmann

Thomas von Aquin
von Rolf Schönberger

Paul Tillich
von Gerhard Wehr

Alexis de Tocqueville
von Michael Hereth

Paul Valéry
von Ralph-Rainer Wuthenow

Eric Voegelin
von Michael Henkel

Michael Walzer
von Skadi Krause und
Karsten Malowitz

Max Weber
von Volker Heins

Simone Weil
von Heinz Abosch

Peter Weiss
von Stefan Howald

Carl Friedrich von Weizsäcker
von Michael Drieschner

Alfred North Whitehead
von Michael Hauskeller

Ludwig Wittgenstein
von Chris Bezzel

Antike politische Philosophie
von Walter Reese-Schäfer

Buddhismus
von Jens Schlieter

Europäische Mystik
von Gerhard Wehr

Hinduismus
von Andreas Becke

Die Sophisten
von Bernhard H.F. Taureck

Die Vorsokratiker
von Carl-Friedrich Geyer

Ebenfalls im Junius Verlag erschienen:

Christine und Michael Hauskeller (Hg.)
»... was die Welt im Innersten zusammenhält«
34 Wege zur Philosophie

Der Weg zur Philosophie mag steinig und beschwerlich oder einfach zu bewältigen sein. Es gibt Schnellstraßen und Schleichwege, Umleitungen und Direktverbindungen. Die Motive, sich auf diese Reise zu begeben, sind höchst unterschiedlich.

Christine und Michael Hauskeller haben 34 Philosophen und Philosophinnen gefragt, wie sie zur Philosophie gekommen sind. Die Lektüre dieses Buches zeigt: Es gibt viele Wege zur Philosophie.

Mit Texten von:
Karl Albert, Hans Michael Baumgartner, Dieter Birnbacher, Gernot Böhme, Paul Feyerabend, Helmut Fleischer, Manfred Frank, Josef Früchtl, Hans Georg Gadamer, Detlef Horster, Vittorio Hösle, Wolfgang Kersting, Hans Krämer, Sybille Krämer, Hans Lenk, Hermann Lübbe, Matthias Lutz-Bachmann, Odo Marquard, Georg Meggle, Julian Nida-Rümelin, Annemarie Pieper, Otto Pöggeler, Ulrich Pothast, Thomas Rentsch, Heinrich Rombach, Hans Jörg Sandkühler, Martin Seel, Elisabeth Ströker, Albert Stüttgen, Bernhard H.F. Taureck, Ernst Topitsch, Gerhard Vollmer, Wolfgang Welsch und Jean-Claude Wolf.

232 Seiten, Broschur
ISBN 3-88506-264-X